쇼펜하우어
×
니체
필사책

일러두기

이 책은 쇼펜하우어의 《의지와 표상으로서의 세계》, 《소품과 부록》, 그리고 니체의 《인간적인 너무 나 인간적인 1·2》, 《즐거운 학문》, 《차라투스트라는 이렇게 말했다》, 《도덕의 계보》, 《이 사람을 보라》, 《유고》에서 발췌한 문장들을 담았다.

모든 문장은 독일어 원전을 확인하여 오역의 가능성을 줄였으며, 가능한 한 원문에 충실하되 독자들이 이해하기 쉽도록 표현을 다듬었다. 일부는 직역보다 의미를 살리는 쪽을 선택하였으며, 원문의 문체적 뉘앙스를 최대한 유지하고자 했다.

쇼펜하우어
×
니체
필사책

아르투어 쇼펜하우어 × 프리드리히 니체 지음
Arthur Schopenhauer × Friedrich Nietzsche

강용수 편역

시작하며

내 삶의 나침반
쇼펜하우어와 니체

위대한 작가의 작품을 읽다 보면 내 마음을 울리는 부분에 저절로 밑줄을 긋게 된다. 더 나아가 그 문장을 베껴 쓰고 눈에 보이는 곳에 두고 싶은 마음이 생긴다. 그만큼 그 글이 나에게 큰 감동을 줬기 때문이다. 인생에 귀감이 되는 명문을 따라 써 보고 외우는 일은 자연스러운 일이다.

철학자들은 오랜 성찰 끝에 얻은 통찰을 멋진 말로 남겼다. 철학자의 언어는 미래의 경험을 앞당겨 보여 주는 보물 창고와 같아서 우리로 하여금 세상을 더 높은 자리에서 멀리 내려다보게 한다. 이 책에 실은 쇼펜하우어와 니체 역시 그러하다.

왜 철학자의 말을
필사하는가?

　필사는 단순한 베껴 쓰기가 아니라 철학자의 사유를 직접 체험하는 방법이다. 한 자 한 자 새기는 독서는 책장을 흘려 넘기는 독서와는 전혀 다른 깊은 감동을 준다. 그러나 모든 글을 다 따라 쓸 필요는 없다. 억지로 하는 필사는 고역이 될 뿐이다. 마음이 움직여 옮겨 적고 싶은 문장은 내 삶의 나침반이 된다. 흔들릴 때 다시 꺼내 볼 수 있는 버팀목이 된다. 내가 진심으로 원하는 글인지, 가치 있다고 생각하는지는 오직 자기 자신만이 알 수 있다.

　필사를 할 때 중요한 점은 '생각 없는 반복이 아니어야 한다'는 것이다. 쇼펜하우어는 베껴 쓰기만 하고 스스로 생각하지 않는 것을 매우 싫어했다. 그러므로 필사를 할 때는 저자가 말하고자 한 뜻을 먼저 곱씹고 문장과 문장 사이에 숨어 있는 의미를 음미해야 한다.

　저자가 걸었던 길을 따라가되 때로는 둘러보고 샛길로 빠질 수도 있을 것이다. 그러나 정상에서는 누구나 작품의 전체를 만난다. 그렇게 하다 보면 남의 글을 단순히 복제하는 것이 아니라 나의 사유로 새롭게 채워 넣는 과정이 된다. 철학은 본래 정답을 강요하지 않는다. 같은 문장을 읽고도 서로 다른 생각을 하는 것이 자연스럽다. 그것이 철학의 힘이다.

　손으로 글씨를 쓰는 일은 번거로워 보일 수 있다. 그러나 문장을 손으로 쓰면서 읽으면 눈으로만 읽는 것보다 오래 기억에 남는다. 또한 저자의 목소리를 직접 듣는 듯 책 속의 문장을 살아 있는 것처럼 느낄 수 있다. 활자로 인쇄된 문장이 정지된 기록이라면 손글씨는 지금 나와 함께 호흡하는 듯 생생하다.

나는 20대에 쇼펜하우어와 니체의 에세이는 물론 카뮈의 에세이를 특히 좋아했다. 지금도 당시 책 여백에 한 필사를 보면 왜 그 문장들이 내 마음을 그렇게 흔들었는지 새삼 감회가 새롭다. 시간이 지나 우연히 노트나 책의 귀퉁이에 적어 둔 생각이나 명언을 발견했을 때의 반가움은 이루 말할 수 없다. 그때 무엇에 감동했는지, 어떤 생각을 품었는지가 되살아난다. 그 기록은 훗날 나의 역사가 된다.

아르투어 쇼펜하우어, 프리드리히 니체의 삶과 철학

쇼펜하우어와 니체는 시대적 배경도, 삶의 궤적도 달랐지만, 두 사람 모두 인간이라는 존재가 겪는 고통과 그것을 어떻게 견뎌 내며 의미를 찾을 수 있는지에 대해 집요하게 탐구했다. 그래서 이들은 철학을 추상적으로 논의하는 수단이 아니라 인간의 삶을 해명하는 구체적인 도구로 삼았다.

1788년 독일 단치히에서 태어난 아르투어 쇼펜하우어는 부유한 가정에서 성장했다. 그러나 아버지의 갑작스러운 죽음은 그의 삶을 철학으로 이끌었다. 그는 《의지와 표상으로서의 세계》에서 인간을 이성적 존재가 아닌 충동과 욕망에 끌려다니는 '맹목적인 의지의 존재'로 봤다. 욕망은 결코 다 채워지지 않으므로 삶은 본래 고통이라고 봤다. 그렇기에 그는 고통을 줄이는 길을 욕망을 비우고 예술과 사색을 통해 평정을 찾는 데서 구했다.

쇼펜하우어는 40대까지 철학계에서 크게 인정받지 못하고 비판과 고독 속에서 인생을 보냈다. 《의지와 표상으로서의 세계》를 처음 출간했을 때는 헤겔 철학의 위세에 가려 주목받지 못했으며, 강의실에는 학생조차 거의 오지 않았다.

그러나 세월이 흐르면서 그의 사상은 점차 재평가받았다. 인간의 존재를 이성보다 '의지'라는 힘으로 파악한 통찰은 후대 철학자들에게 자극이 됐다. 나아가 문학, 심리학, 음악, 예술 등 다양한 분야에 깊은 영향을 끼쳤다. 톨스토이와 도스토옙스키 같은 대문호들, 프로이트와 융 같은 심리학자들, 바그너와 브람스 같은 음악가들은 저마다 그의 사상에서 영감을 얻었다. 이처럼 그는 생전에는 고독했으나 사후에는 인류 지성사 전체에 커다란 발자취를 남긴 철학자로 자리매김했다.

프리드리히 니체는 1844년 독일 뢰켄에서 목사의 아들로 태어났다.

니체는 어린 시절부터 고전문헌학에 탁월한 재능을 보였다. 20대 중반에 바젤대학교 교수가 될 만큼 총명했으나 병약한 건강으로 교수직을 내려놓고 유럽 각지를 전전하며 집필에 몰두했다. 《비극의 탄생》, 《차라투스트라는 이렇게 말했다》, 《도덕의 계보》 등에서 그는 기존의 도덕과 가치를 전복적으로 비판하고 인간을 새로운 눈으로 바라보는 사유를 펼쳤다.

니체는 인간을 '힘에의 의지'를 지닌 존재로 파악했다. 삶의 고통을 피하거나 줄이는 대신 그 고통까지 긍정하며 "이 모든 것을 다시 한 번 원한다"라고 말할 수 있는 힘, 곧 '운명애(Amor fati)'를 강조했다. 그는 말년에 정신적으로 붕괴되어 요양 생활을 했으나 그의 철학은 이후 20세기와 21세기 지성사 전반에 지대한 파급력을 남겼다. 문학과 예술, 심리학, 정치 사상에 이르기까지 니체의 사상은 기존 질서를 흔들며 새로운 사유의 지평을 열었고, 지금도 여전히 가장 많이 읽히는 철학자의 반열에 서 있다.

아르투어 쇼펜하우어, 프리드리히 니체의 공통점과 차이점

쇼펜하우어와 니체 두 사람의 사유를 함께 읽고 쓰는 것은 의미가 크다. 니체는 젊은 시절 쇼펜하우어의 저서를 읽고 철학자의 길에 들어섰다. 쇼펜하우어가 니체에게 큰 영향을 줬고 니체는 쇼펜하우어의 사상에서 철학을 이어받았지만 이후 쇼펜하우어의 철학을 넘어서고자 했다.

사상의 측면에서 두 사람은 공통적으로 인간의 본질을 '의지'에서 찾았고, 예술을 삶을 지탱하는 힘으로 봤다. 그러나 쇼펜하우어는 고통을 줄이는 방법으로 행복을 찾으려 했고, 니체는 쇼펜하우어의 사상을 넘어 고통을 껴안으며 삶 전체를 긍정하는 길을 열었다. 한 사람은 역설적으로 긍정을 위해 삶의 어두운 면을 응시했고, 다른 한 사람은 고통 속에서도 찬란한 긍정을 외쳤다. 이처럼 닮음과 차이를 동시에 보여 주는 두 철학자는 우리에게 묻는다.

"삶은 무엇인가, 우리는 어떻게 살아야 하는가?"

내 인생에 철학자의 말
100문장만 남긴다는 마음으로

이 필사책은 내가 연구 과정에서 읽어 온 쇼펜하우어와 니체의 글 가운데 가장 가치 있다고 판단한 문장들을 엄선한 것이다. 두 철학자의 사상은 물론 글의 문체는 모범이 될 만큼 탁월하다. 그들의 글은 난해한 추상에 머무르지 않고 우리의 일상과 삶에 가까이 다가오기에 지금까지도 많은 독자의 사랑을 받고 있다. 국내에 수많은 번역본이 있지만, 이 책에 실은 문장은 독일어 원전을 직접 확인하며 오역이 없는지 점검했다.

두 철학자의 저작이 전 세계적으로 인정받고 사랑받는 이유는 두 사람의 문장력도 뛰어날 뿐만 아니라 각자가 새로운 인생관을 확고하게 제시했기 때문이다. 두 철학자의 사상과 문장에 둘러싸여 살았던 나는 이번 기회에 '내 인생에 단 100문장만 남긴다면 무엇을 고를 것인가'라는 질문을 스스로에게 하며 쇼펜하우어와 니체의 저작에서 각각 50문장을 뽑았다.

니체는 "피로써 글을 쓰라. 피로써 쓴 글만이 정수를 남기며, 독자는 그 정수를 읽고 나아가 외워야 한다"라고 말했다. 이 책에 니체의 원칙을 따라서 철학자들의 피 같은 정수와 핵심을 담고자 했다. 엄선한 문장들이 여러분의 경험 속에서 뼈와 살이 되어 사유의 근육을 단단히 키워 주기를 바란다.

하루에 수많은 책을 뒤적이고 수만 권의 책을 소장한다고 저절로 지혜와 교양이 쌓이는 것은 아니다. 쇼펜하우어에 따르면 책은 '여행 안내서'와 같다. 인생의 길을 여행할 때 좋은 지도가 있다면 방황을 줄이고 올바른 길로 나아갈 수 있듯이 이 책 또한 여러분의 여정에 든든한 지도가 되기를 바란다.

《쇼펜하우어×니체 필사책》은 두 철학자의 사상을 이해하는 데 좋은 길잡이가 될 것이다. 그 무엇인가에 정성을 쏟는 일이 모여서 삶이 된다면 필사는 정성을 쏟기에 더할 나위 없이 좋은 일이다. 하루에 한 구절씩 100번의 필사를 이어 간다면 위대한 철학자의 지혜가 차츰 자신의 사유 속에 스며들 것이다. 그때 낯선 인생의 길도 더 이상 두렵지 않을 것이며 오히려 담대하게 걸어갈 힘을 얻게 될 것이다.

시작하며 내 삶의 나침반 쇼펜하우어와 니체				004

PART 1.

쇼펜하우어의 인생론
아르투어 쇼펜하우어

01 행복은 기대와 현실의 균형에서 온다			020
02 행복은 쾌감이 아니라 고통으로 판단된다			022
03 삶은 고통과 무료함을 오가는 시계추와 같다			024
04 성취한 소망은 인식된 오류, 좌절된 소망은 인식되지 않은 오류	026
05 인생의 걱정과 고통은 배의 바닥짐과 같다			028
06 소망과 성취는 가까우면 공허하고 멀면 고통스럽다		030
07 행복을 만날 때 불행도 함께 상상하라			032
08 정신이 건강하고 선할수록 즐겁고 만족스럽다			034
09 질투를 하지도 말고 불러일으키지도 말라			036

10	정신적 능력이 인생의 수준을 결정한다	038
♦	**강용수의 철학 에세이** ǀ 철학은 삶의 목적과 과정을 의식하는 노력	040
11	고독을 견디는 법을 가장 힘써 배우라	042
12	인격은 절대적인 가치다	044
13	진정한 자신으로 존재하라	046
14	정신 수준이 높아질수록 더 고독해진다	048
15	적당한 거리에서는 아무도 상처받지 않는다	050
16	이기심에서 비롯되는 인간관계 속에도 우정이 있다	052
17	생각과 말을 가까이 두지 말라	054
18	타인의 생각은 나의 행복과 상관이 없다	056
19	남에게 인정받으려 하지 말고 나 자신을 인정하라	058
20	현명한 사람은 예의가 있고 어리석은 사람은 예의가 없다	060
♦	**강용수의 철학 에세이** ǀ 사람과 사람 사이의 적정한 거리에 관하여	062
21	저급한 사람에게 너그럽게 대하면 손해를 본다	064
22	순진하다는 말은 칭찬이다	066
23	내가 남을 신뢰할 때를 조심하고 남이 나를 불신할 때를 좋아하라	068
24	타인은 나의 거울이다	070
25	타고나기를 부유한 사람처럼 부를 생각하라	072
26	부자가 무지하면 더 천박하다	074
27	돈은 절대적인 선이다	076
28	속물은 부와 권력만 존경하고 지성은 질투하고 미워한다	078
29	있다고 자랑하는 사람은 없다고 고백하는 것이다	080
30	자신에게 맞는 일을 찾아라	082
♦	**강용수의 철학 에세이** ǀ 인생에 철학이 필요한 이유	084
31	쉽게 쓰는 일은 어렵고 어렵게 쓰는 일은 쉽다	086

32 타인의 생각만 받아들이면 스스로 생각할 힘을 잃어버린다 088
33 문체는 곧 생각이다 090
34 모든 존재는 변화하는 현상에 불과하다 092
35 인생의 봄은 길고 인생의 가을은 짧다 094
36 모든 존재는 소멸한다 096
37 삶은 죽음을 향해 나아가는 항해다 098
38 인생은 한바탕 꿈, 죽음은 그 꿈에서 깨어나는 것 100
39 지금 이 순간을 명랑하게 받아들여라 102
40 더 큰 쾌락보다 더 작은 고통을 추구하라 104
♦ **강용수의 철학 에세이** | 고통을 긍정한 뒤에는 반드시 성장한다 106
41 행복은 객관적인 조건이 아니라 주관적인 조건으로 결정된다 108
42 가장 행복한 운명을 타고난 사람은 내면이 풍요로운 사람이다 110
43 기개를 갖고 살라 112
44 삶의 모습은 다르지만 그 본질은 같다 114
45 최선을 다하고 겸허하게 받아들여라 116
46 똑같은 일도 사람마다 다르게 받아들인다 118
47 인생의 가장 큰 변수는 자기 자신이다 120
48 인생의 40년은 본문이고 이후 30년은 주석이다 122
49 무심코 흘려보낸 시간은 내가 그토록 기대하던 삶이다 124
50 오늘은 단 한 번뿐 두 번 다시 오지 않는다 126
♦ **강용수의 철학 에세이** | 쇼펜하우어와 니체가 말하는 인생 128

PART 2.

니체의 인생론
프리드리히 니체

01 소나무 같은 사람이 되라	132
02 두려움을 극복하는 사람의 용기	134
03 자신만의 길을 걷는 사람의 숙명	136
04 무르익은 모든 것은 더 이상 바람이 없다	138
05 모든 인간은 자기 자신을 오해할 수밖에 없다	140
06 나약한 나 자신에게 고하라	142
07 강한 사람은 현실을 긍정하지만 약한 사람은 현실을 부정한다	144
08 자신을 스스로 만드는 인간이 되라	146
09 모든 신은 죽었다 이제 위대한 의지를 품어라	148
10 신과 허무를 넘어서라	150
♦ 강용수의 철학 에세이 ｜ 미친 듯이 사랑하고 나서야 의미를 깨닫는다	152
11 인간은 극복돼야 할 그 무엇이다	154
12 확신을 갖고 앞으로 나아가라	156
13 모든 경험을 꽃피우는 것은 오직 자신에게 달려 있다	158
14 준비된 사람이 무궁무진한 미래를 맞이할 것이다	160
15 나의 의지가 극복을 원한다	162
16 고귀한 사람은 스스로 행복하다고 느낀다	164
17 천한 사람은 반동적이고 귀한 사람은 능동적이다	166
18 신념이 같은 사람들과 함께하라	168

19 기꺼이 헌신하며 저편으로 건너가는 사람	170
20 가장 낮은 등급의 인간과 가장 높은 등급의 인간	172
♦ **강용수의 철학 에세이** ∣ 누구나 철학자가 된다	174
21 너무나 사랑하면 다른 모든 것을 희생한다	176
22 친구가 있는 사람은 고립되지 않는다	178
23 관심받고 싶은 마음은 우월감을 느끼고 싶어서다	180
24 방어하지 말고 경쟁하라	182
25 존경할 만한 적을 두라	184
26 사랑을 시험하라	186
27 함께 기뻐할 줄 아는 것은 지적 능력이다	188
28 훌륭한 인간에게 훌륭한 문체가 나온다	190
29 감정을 전달하라	192
30 읽는 이를 선택하라	194
♦ **강용수의 철학 에세이** ∣ 고독한 시간만큼 영혼이 자란다	196
31 피로 써라	198
32 글을 쓰는 열 가지 원칙	200
33 좋은 문장을 만나면 축제를 벌여라	202
34 말하듯이 써라	204
35 품위를 지키며 절제하라	206
36 좋은 책은 시간이 흘러야 진가를 알 수 있다	208
37 읽은 책은 시간이 흘러야 가치를 알 수 있다	210
38 부자가 될 자격을 갖춰라	212
39 목적을 이루려면 건강해야 한다	214
40 탁월한 사람과 탁월하지 않은 사람의 마음	216
♦ **강용수의 철학 에세이** ∣ 죽음을 두려워하지 않게 될 때	218

41 춤추는 별 하나를 잉태하려면 내면에 혼돈을 품어야 한다 220

42 밤에 잠을 잘 자려면 낮에 덕을 쌓아라 222

43 시행착오와 시간 낭비는 결코 헛된 것이 아니다 224

44 오늘 웃는 자가 마지막에도 웃을 것이다 226

45 분별 있는 인간이 되라 228

46 약속할 수 있는 인간이 되라 230

47 되는 대로 살지 말고 생각하는 대로 살라 232

48 조용히 하라, 작은 것에 행복이 있다 234

49 영원 회귀를 가르치는 스승으로부터 236

50 네 운명을 사랑하라 238

♦ **강용수의 철학 에세이** ㅣ 행복은 다가올 미래에 대한 희망이다 240

저자·편역자 소개 242

PART 1.

쇼펜하우어의 인생론

아르투어 쇼펜하우어

01
행복은 기대와 현실의
균형에서 온다

행복은 우리가 요구하는 것과 실제로 얻는 것 사이의 관계에 달려 있다. 양쪽의 크기가 절대적으로 얼마나 큰지는 중요하지 않다. 요구를 줄여도 얻는 것을 늘린 것과 같은 행복을 얻을 수 있다.
마찬가지로 고통은 우리가 기대하는 것과 실제로 얻는 것 사이의 불균형에서 생긴다. 이 불균형은 객관적 현실이 아닌 주관적 인식 속에만 존재하므로 더 깊은 통찰을 통해 완전히 사라지게 할 수도 있다.
결국 행복하기 위해서는 이 세계가 작동하는 방식을 올바로 이해하며 살아야 한다.

02
행복은 쾌감이 아니라 고통으로 판단된다

쾌감과 행복은 소극적 성질을 띠지만, 고통은 적극적 성질을 띤다. 그러므로 한 사람의 생애가 행복했는지는 그가 누린 쾌락의 총량이 아니라 그가 겪지 않은 고통의 총량으로 가늠해야 한다.
이렇게 보면 인간의 운명은 동물의 운명보다 오히려 더 감내하기 어려울 것이다. 인간은 행복을 좇고 불행을 피하려 한다.
그러나 그 다양한 모습에도 불구하고 행복과 불행의 토대는 결국 육체적 쾌락과 고통이다. 그 범위는 매우 좁다. 건강, 음식, 추위와 비바람을 피하는 일, 성적 욕구의 충족과 그 결핍에 지나지 않는다.
따라서 실질적으로 인간이 동물보다 쾌락을 더 많이 누리는 것은 아니다. 다만 더 예민하게 발달한 신경계가 쾌감과 고통을 더욱 크게 느낄 뿐이다. 이 때문에 인간의 마음은 동물보다 훨씬 깊고 격렬하게 흔들린다.

03
삶은 고통과 무료함을 오가는 시계추와 같다

인간의 행복을 가로막는 두 적수는 고통과 무료함이다. 삶이란 결국 이 둘 사이를 오가는 시계추와 같아서 한쪽에서 멀어질수록 다른 한쪽에 가까워질 뿐이다. 우리의 인생은 크고 작은 진폭을 그리며 이 두 적수 사이를 오간다.

이런 움직임은 삶의 외적인 조건에서 비롯된다. 즉 궁핍과 결핍은 고통을 낳고, 반대로 안정과 풍요는 무료함을 낳는 것이다. 이 때문에 가난한 계층은 평생에 걸쳐 고통과 싸우고, 부유한 계층은 평생에 걸쳐 무료함과 싸운다. 절망적일 만큼 치열하게.

04
성취한 소망은 인식된 오류, 좌절된 소망은 인식되지 않은 오류

모든 의욕은 결핍과 고뇌에서 비롯된다. 욕구가 충족되면 의욕은 끝나지만, 충족되지 않은 더 많은 소망이 여전히 남아 있다. 성취된 소망은 곧바로 새로운 소망으로 대체된다. 욕망은 길고 요구는 끝이 없지만, 충족의 순간은 짧고 불완전할 뿐이다. 어렵게 성취한 소망은 이내 '인식된 오류'가 되고, 새로운 소망이라는 '아직 인식되지 않은 오류'가 그 자리를 대신한다.

결국 의욕의 노예로 사는 한, 우리에게 지속적인 행복이나 마음의 안정은 결코 주어지지 않는다. 무언가를 쫓거나 피하는 것, 재앙을 두려워하거나 기쁨을 좇는 것은 본질적으로 모두 같은 고통일 뿐이다. 이처럼 의욕의 주체로 사는 것은 멈추지 않는 바퀴에 묶인 익시온처럼, 밑 빠진 독에 물을 붓는 다나이데스의 딸들처럼, 영원한 갈증에 시달리는 탄탈로스처럼 사는 것과 같다.

05
인생의 걱정과 고통은
배의 바닥짐과 같다

대기압이 없으면 우리의 육체가 파열하듯, 삶에 고난과 실패가 없다면 인간의 오만함은 끝내 통제 불가능한 광기로 치달을 것이다. 배가 균형을 잡고 안전하게 똑바로 나아가려면 바닥짐을 실어야 하는 것처럼 우리 삶에도 걱정과 고통은 반드시 어느 정도 필요하다. 일과 노고, 고역과 고난은 거의 모든 사람이 평생에 걸쳐 짊어지는 몫이다. 만일 모든 소원이 생기자마자 곧 성취된다면 인생은 무엇으로 채워지고 시간은 무엇으로 흘러가겠는가?
모든 것이 저절로 이뤄지는 낙원에 던져진다면 인간은 곧 무료함에 지쳐 죽거나 서로를 공격하며 더 큰 고통을 만들 것이다. 지금 자연이 우리에게 주는 고통보다 훨씬 더 큰 고통을. 그러므로 인간에게는 지금 이 무대, 이 삶의 조건보다 더 적합한 삶의 자리는 없다.

06
소망과 성취는
가까우면 공허하고 멀면 고통스럽다

인간의 삶은 의욕과 성취 사이를 끊임없이 오간다.

소망은 본질적으로 고통이다. 어렵게 얻은 성취는 곧바로 포만과 권태를 낳는다. 성취된 목표는 이내 매력을 잃고, 소망은 그저 모습을 바꿀 뿐이다.

그런데 만약 새로운 소망마저 없다면 우리 앞에는 공허와 무료함이라는 또 다른 고통이 기다린다.

그러므로 소망과 성취 사이의 간격이 너무 짧지도 길지도 않을 때 인생의 고뇌는 최소한으로 줄어들고, 그만큼 행복한 삶에 가까워진다.

07
행복을 만날 때
불행도 함께 상상하라

모든 것은 존재하는 동안에는 영원히 그 자리에 머무를 권리가 있는 듯한 착각을 불러일으킨다. 그러나 어떤 해도, 달도, 날도 영원할 권리가 없다. 유일하게 영속적인 것은 사물의 상태가 아니라 변천이다.

현명한 자는 이 허상을 꿰뚫어 보고 그 너머 변화의 방향을 예견한다. 시간의 흐름과 세상 만물의 덧없음을 잊지 않으려면 지금 일어나는 모든 일의 정반대를 상상하는 습관을 들여야 한다.

행복한 순간에는 불행을, 우정을 느낄 때는 적의를, 맑은 날씨에는 궂은 날씨를, 사랑할 때는 미움을, 신뢰할 때는 배신과 후회를 생생하게 그려 보는 것이다.

이렇게 연습하면 우리는 사려 깊게 행동할 수 있고, 쉽게 기만당하지 않는다. 이것이야말로 시간의 작용을 내다보는, 흔들리지 않는 지혜의 원천이다. 결국 우리는 그렇게 해서 시간의 작용을 미리 내다보게 된다.

08
정신이 건강하고 선할수록 즐겁고 만족스럽다

지성이 풍부한 사람은 고독 속에서도 자신의 사유로 큰 즐거움을 누리지만, 둔감한 사람은 온갖 오락거리 속에서도 지루함을 견디지 못한다.

인품이 선한 사람은 가난해도 만족을 알지만, 탐욕스럽고 사악한 사람은 막대한 부를 갖고도 결코 만족하지 못한다.

나아가 비범한 정신을 소유한 사람에게 세상 사람들이 추구하는 대부분의 쾌락은 불필요할 뿐만 아니라 거추장스럽고 성가신 짐이다.

09
질투를 하지도 말고
불러일으키지도 말라

질투는 인간의 자연스러운 감정이다. 동시에 질투는 악덕이자 불행이다. 우리는 질투를 행복의 적으로 여기고 악마처럼 몰아내야 한다.

질투심을 다스리려면 나보다 형편이 나은 사람보다 나보다 형편이 어려운 사람을 자주 바라보는 것이 좋다. 또한 불행이 닥쳤을 때는 나보다 더 큰 고통을 겪는 사람을 보거나 나와 같은 처지에 있는 사람들과 어울리는 것이 가장 큰 위안이 된다.

한편 타인의 질투를 피하는 것은 그들의 미움을 누그러뜨리는 것보다 훨씬 더 어렵다. 그러므로 우리는 타인의 질투를 불러일으키지 않도록 항상 자신을 단속해야 한다.

10
정신적 능력이 인생의 수준을 결정한다

현재와 현실의 객관적 측면은 운명에 따라 변하지만, 주관적 측면은 우리 자신이므로 본질적으로 변하지 않는다. 그래서 모든 인간의 삶은 겉보기에는 달라도 결국 하나의 주제를 바탕으로 한 변주곡과 같다.

그 누구도 자신의 개성이라는 한계에서 벗어날 수 없다. 이는 동물이 타고난 본성을 결코 벗어날 수 없는 것과 같다. 마찬가지로 인간의 행복도 자신의 개성에 의해 한도가 정해진다. 특히 정신적 능력의 한계가 고상한 기쁨을 누리는 수준을 결정한다.

정신적 능력이 빈약한 사람은 외부에서 아무리 도와줘도 결국 평범하고 동물적인 수준의 행복을 넘어서지 못한다. 감각적 쾌락, 저급한 사교, 소박한 생활에 머무를 뿐이다.

강용수의 철학 에세이
철학은 삶의 목적과 과정을 의식하는 노력

많은 일이 그렇듯, 쇼펜하우어와의 만남도 우연이었다. 철학과에서 강의로 간단히 접했던 그는 어느 날 도서관에서 우연히 집어든 《소품과 부록》 편역본을 통해 내게 다가왔다.

20대의 청춘은 열정으로 가득했지만, 앞길은 막막했다. 인생의 오르막을 오르던 청년에게 정상에 올랐다가 세상의 이치를 깨닫고 내려오는 듯한 쇼펜하우어의 말씀은 참으로 귀했다. 산 위에서 모든 것을 내려다본 현자가 들려주는 인생의 지혜를 알게 되자 자신감과 용기가 생겨났다.

"우리의 인생이 어두운 바다를 항해하는 배와 같다."

그때나 지금이나 가장 인상 깊게 간직하는 구절이다. 우리는 마치 배에 묶인 죄수처럼 어디로 가는지, 왜 가는지도 모른 채 살아간다. 극소수의 사람만이 눈을 뜨고 검은 바다와 하늘을 응시한다. 맹목적인 욕망에 끌려 살아가더라도 삶의 목적과 과정을 늘 의식하려는 노력이 필요하다. 칠흑같이 어두운 인생의 바다에서 눈을 감지 말고 눈을 떠야 한다. 늘 깨어 있는 자가 천재다.

많은 철학자가 인간을 이성적 존재로 봤다면 쇼펜하우어는 그 의식 밑바탕에 있는 '맹목적 의지'를 더 중시했다. 수천 년을 기다려 싹을 틔우는 꽃씨처럼 이 세계의 본질은 끊임없이 생존하려는 생명력이다. 우리의 삶이 고통스러운 까닭은 이 욕망이 밑 빠진 독처럼 결코 채워지지 않기 때문이다. 설령 채워져도 곧 식상해지고 만다. 결핍과 과잉의 고통 사이를 오가는 시계추처럼 세상에는 영원한 행복도 불행도 없다. 모든 삶과 죽음에 대한 번뇌는 인간의 욕망에서 비롯된다. 결국 행복하기 위해서는 내가 어떤 사람인지 본래의 모습을 확고히 인식하는 것이 가장 중요하다.

11
고독을 견디는 법을
가장 힘써 배우라

인간은 오직 자기 자신과만 완전히 하나가 될 수 있다.

아무리 가까운 친구나 연인이라도 서로 다른 개성 탓에 사소한 불협화음이라도 생기기 마련이다. 이 때문에 마음의 깊은 평화와 완전한 평온은 오직 고독 속에서만 발견할 수 있다.

내면이 풍요로운 사람은 홀로 있음으로써 지상 최고의 행복을 누릴 수 있다. 결국 인간은 타인과 교류할 필요성이 적을수록 더 나은 삶을 살게 된다. 사회는 즐거운 여흥의 모습을 하고 있지만, 그 이면에는 종종 치유할 수 없는 재앙을 숨기고 있기 때문이다.

그러므로 젊은 시절에 가장 힘써 배워야 할 것은 고독을 견디는 법이다. 고독이야말로 행복과 마음의 평온을 얻는 원천이다.

12
인격은
절대적인 가치다

인격은 운명에 휘둘리지 않는다. 누구도 빼앗아 갈 수 없다. 그러므로 상대적인 가치를 지닌 다른 자산들과 달리 절대적인 가치를 지닌다.

시간의 힘 앞에서 육체도 정신도 모든 것이 결국 스러지지만, 오직 도덕적 성격만은 시간이 지나도 변하지 않는다. 인격과 같은 주관적인 자산은 인간의 힘으로는 어찌할 수 없는 신의 영역에 속하며, 평생에 걸쳐 변하지 않는다.

13
진정한 자신으로 존재하라

가장 바람직한 삶은 각자가 온전히 자기 자신을 위해 존재하고 스스로 만족할 수 있는 삶이다. 내면에서 기쁨의 원천을 더 많이 발견할수록 더 행복해진다. 행복과 향유의 모든 외적인 원천은 본질적으로 불확실하고 덧없으며 우연에 좌우된다. 아무리 좋은 상황이라도 언제든 막혀 버릴 수 있다.

나이가 들수록 외적 원천은 필연적으로 고갈된다. 사랑, 사교, 여행에 대한 욕구는 사라지고, 사회적 역할도 줄어들며, 친구와 친척들도 하나둘 곁을 떠나기 때문이다.

결국 마지막까지 남는 것은 자기 자신뿐이다. 이것이야말로 시간이 증명한 가장 신실하고 유일하게 영속적인 행복의 원천이다.

14
정신 수준이 높아질수록
더 고독해진다

인간은 혼자 있을 때만 온전히 자기 자신일 수 있다. 그러므로 고독을 사랑하지 않는 사람은 자유도 사랑하지 않는 것이다. 인간은 홀로 있을 때 비로소 자유롭기 때문이다.

모든 사회는 희생이 요구되고 강요가 따른다. 개인의 개성이 강할수록 그 희생은 더욱 커진다. 이 때문에 사람은 자신의 가치에 비례하여 고독을 피하거나 견디거나 사랑하게 된다.

비천한 사람은 고독 속에서 자신의 비천함을 느끼고, 위대한 사람은 고독 속에서 자신의 위대함을 느낀다. 요컨대, 모든 인간은 고독 속에서 자기 본연의 모습을 마주하게 되는 것이다.

인간은 정신적으로 높은 경지에 이를수록 더 고독해진다. 그것은 본질적이고 불가피한 고독이다. 신체적 고독과 정신적 고독이 일치한다면 더할 나위 없이 좋을 것이다. 그렇지 못하면 이질적인 무리에 둘러싸여 고통받게 된다.

15
적당한 거리에서는 아무도 상처받지 않는다

추운 겨울날, 고슴도치들이 추위를 피하고자 서로 바싹 달라붙었다. 이내 서로의 가시에 찔려 다시 멀어졌다. 그러나 추위를 견딜 수 없어 또다시 모였고, 가시에 찔려 다시 흩어졌다. 얼어 죽을 것 같은 추위와 뾰족한 가시의 아픔이라는 두 가지 고통을 오가던 고슴도치들은 마침내 서로를 견딜 수 있는 적당한 거리를 발견했다. 인간도 마찬가지다. 내면의 공허함이 서로를 찾게 만들지만, 각자의 개성이 가진 가시는 서로를 밀어낸다. 이 과정에서 마침내 우리는 서로가 상처받지 않을 적당한 간격을 찾아냈는데, 그것이 바로 예의와 염치다. 이 거리를 지키지 않는 사람에게 우리는 거리를 두라고 한다. 이 예의의 거리는 서로의 온기를 온전히 나누지 못하게 하지만, 적어도 서로에게 상처 주는 일은 막아 준다. 그러나 내적인 따뜻함을 지닌 이는 차라리 사회에서 떨어져 있기를 좋아한다. 그것이 서로에게 고통을 주지도 받지도 않는 길이기 때문이다.

16
이기심에서 비롯되는
인간관계 속에도 우정이 있다

진정한 우정은 타인의 기쁨과 슬픔에 대해 순수하고 사심 없는 관심을 쏟는 것을 전제로 한다. 이는 상대와 온전히 하나가 되는 것을 뜻한다.

그러나 인간 본성에 깃든 이기심이 이를 가로막는다. 그러므로 참된 우정은 어디에 있는지 알 수 없는 거대한 바다뱀처럼 극히 드문 것이다. 세상 대부분의 관계는 숨겨진 이기심에서 비롯되기 때문이다.

그럼에도 불완전한 세상에는 이 진정한 우정의 요소가 약간이나마 섞여서 우리가 '우정'이라 부를 만한 관계들이 존재한다. 이는 평범한 인간관계를 뛰어넘는 소중한 것이다.

17
생각과 말을
가까이 두지 말라

비밀은 말하지 말라. 사적인 모든 문제는 비밀로 간주하고, 친한 친구도 모르는 것이 좋다. 지금은 무해해 보이는 사실이 훗날 예상치 못한 불이익으로 돌아올 수 있기 때문이다.

침묵은 지혜에서 나오고 말은 허영에서 나온다. 우리는 종종 침묵이 주는 영원한 이익보다 말이 주는 순간의 만족을 택하고는 한다. 큰 소리로 한마디하면 속은 시원할지 몰라도 버릇이 될 수 있으므로 하지 않는 것이 좋다.

생각을 말과 너무 가깝게 두지 말라. 생각이 말과 친숙해지면 대화 중에 자기도 모르게 밖으로 새어 나온다. 지혜로운 사람은 자신의 생각과 말 사이에 커다란 간격을 유지한다.

때로 우리는 상대가 전혀 의심조차 하지 않는 일을 그가 믿지 않을 것이라 지레짐작하고 스스로 폭로해 버린다. 이는 높은 곳에서 현기증을 이기지 못하고 뛰어내리는 것과 같은 어리석은 행동이다.

간절히 말하건대, 침묵을 지켜라.

18
타인의 생각은
나의 행복과 상관이 없다

사람을 훈련하기 위해서는 명예심을 자극하는 것이 효과적이다. 그러나 우리 자신이 행복하기 위해서는 정반대의 태도가 필요하다. 오히려 타인의 견해에 지나친 가치를 두지 않도록 경계해야 한다.

대부분의 사람들은 자신의 생각보다 타인의 생각에 더 집중한다. 그 결과, 타인의 견해가 자기 존재의 실체이고 자신의 내면은 관념일 뿐이라는 뒤바뀐 착각 속에 살아간다. 본질보다 부차적인 것을 더 중시하는 것이다.

이처럼 실체보다 타인의 머릿속에 있는 허상을 더 중시하는 어리석음을 '허영'이라 부른다. 허영은 탐욕과 마찬가지로 수단 때문에 목적을 망각하는 행위다.

타인의 시선을 신경 쓰는 것은 우리가 얻으려는 행복과 거의 무관하다. 그럼에도 우리는 모든 행동의 기준을 타인의 견해에 맞춘다. 이는 마치 널리 퍼진 일종의 광기와도 같다.

19
남에게 인정받으려 하지 말고
나 자신을 인정하라

인간 본성의 어리석음은 명예욕, 허영심, 자긍심이라는 세 가지 싹에서 나온다. 이 중 허영심과 자긍심은 차이가 있다.

자긍심은 스스로에 대한 확신이지만, 허영심은 타인에게서 그 확신을 얻으려는 욕망이다. 즉 자긍심은 내면에서 비롯된 직접적인 자기 평가이며, 허영심은 외부에서 간접적으로 그것을 얻으려는 노력이다.

이 때문에 허영심은 사람을 수다스럽게 만들고, 자긍심은 사람을 과묵하게 만든다. 허영심이 큰 사람은 말을 많이 하기보다 침묵하는 편이 타인의 인정을 얻는 데 더 효과적이라는 사실을 알아야 한다.

자긍심은 원한다고 가질 수 있는 것이 아니다. 자긍심이 있는 척 흉내를 내도 결국 그 역할의 무게를 감당하지 못하고 무너질 뿐이다. 그것은 자신의 압도적인 가치에 대한 흔들림 없는 내적 확신에서만 비롯된다.

20
현명한 사람은 예의가 있고
어리석은 사람은 예의가 없다

예의는 현명함의 증거이고 무례는 어리석음의 증거다.
무례함으로 쓸데없이 적을 만드는 것은 자기 집에 불을 지르는 행위와 같은 미친 짓이다.
예의란 약속된 가치를 지닌 모조 화폐와 같다. 이 가짜 돈을 아끼는 것은 어리석은 일이다. 아낌없이 사용하는 것이야말로 현명한 처사다.
다만 실질적인 이익을 희생하면서까지 예의를 차리는 것은 모조 화폐 대신 진짜 돈을 내주는 것과 같은 어리석은 행동이다.

강용수의 철학 에세이
사람과 사람 사이의 적정한 거리에 관하여

사랑, 연민, 공감은 타인과 함께 살아가는 데 반드시 필요한 덕목이다. 그러나 불이 따뜻하다고 해서 너무 가까이 다가가면 화상을 입듯 사랑했던 사람과 다투고 헤어진 뒤 앙숙이 되는 경우도 있다. 천생연분이라 믿었는데 결국 악연이 돼 버리면 차라리 만나지 않았더라면 더 나았을 것이라는 뼈아픈 후회를 하게 된다. 그래서 타인을 지나치게 사랑해서도 지나치게 미워해서도 안 된다.

쇼펜하우어는 타인과 적당한 거리를 두라고 조언한다. 니체 역시 균형 감각을 강조하며 이웃 사랑(Nächste Liebe)보다 먼 사랑(Fernste Liebe)을 권했다. 양떼처럼 가까이 모여 사는 것도 장점은 있지만, 서로를 너무 잘 알면 다툼이나 무시, 무관심이 쉽게 생겨난다. 말 한마디 실수로 수십 년 쌓아 온 인간관계가 한순간에 무너질 수 있다. 타인과 거리를 유지하는 '거리의 파토스'가 필요한 이유는 사람이 쉽게 상처받는 존재이기 때문이다.

인간은 누구나 개별적인 가치를 지닌다. 세상에서 가장 강렬한 개성을 지닌 존재다. 사랑에 눈이 멀면 이 차이가 잠시 가려지지만, 누구나 세상에 단 하나뿐인 비교 불가능한 존재라는 사실은 변하지 않는다. 깊이 사랑할 때는 차이를 견뎌 낼 수 있지만, 마음이 식으면 관용과 용서는 사라지기 쉽다.

또한 사람이라면 누구나 타인으로부터 인정받기를 원한다. 그래서 출세하고 돈을 벌고 명성을 얻으려 한다. 남 앞에서 아는 척, 가진 척, 잘난 척하는 허영도 그 연장선에 있다. 남이 잘될 때 시기와 질투를 느끼는 것 역시 자연스러운 감정이다. 그러나 타인의 시선에 갇혀 살다 보면 평가에 전전긍긍하며 불안해질 수밖에 없다. 남의 마음에 지나치게 의존하면 반드시 상처가 따른다. 남이 나를 어떻게 보는가보다 내가 나를 어떻게 평가하는가가 더 중요하다. 타인과 적당한 거리를 두고 자신을 객관화할 때, 비로소 자신을 사랑할 용기가 생겨난다.

21
저급한 사람에게
너그럽게 대하면 손해를 본다

인간은 너무 너그럽게 대해 주면 버릇이 없어진다는 점에서 어린 아이와 비슷하다. 그래서 타인을 지나치게 관대하거나 다정하게 대하는 것을 주의하라.

돈을 빌려 달라는 부탁을 거절한다고 해서 친구를 잃지 않는다. 그러나 돈을 빌려주면 그 때문에 친구를 잃는다. 마찬가지로 다소 소홀히 대한다고 해서 관계가 깨지지는 않는다. 그러나 지나치게 친절하면 상대가 오만해져 참을 수 없는 태도를 보여서 관계가 깨진다.

사람들은 자신이 상대에게 꼭 필요하다고 생각할 때 오만해지고 주제 넘은 행동을 한다. 자신에게 주는 친밀함을 당연하게 여기고 예의의 경계를 허물어도 괜찮을 것으로 착각한다.

그러므로 본성이 저급한 사람과는 너무 가까워지지 않도록 경계해야 한다. 내가 상대를 필요로 한다고 느끼면 그는 마치 자신의 무언가를 도둑맞은 듯 행동하며 당신에게서 되찾으려 할 것이다.

22
순진하다는 말은
칭찬이다

사람들은 대개 자신에게 없는 것을 있는 척하며 허세를 부린다.
그래서 순진하다는 말은 오히려 칭찬이 될 수 있다.
이는 그가 자신을 있는 그대로 보여 준다는 증거이기 때문이다.
순진함에는 매력이 있고 부자연스러움에는 어색함이 따른다.

23
내가 남을 신뢰할 때를 조심하고
남이 나를 불신할 때를 좋아하라

우리가 타인을 신뢰하는 이면에는 종종 태만, 사욕, 허영심이 숨어 있다.

스스로 조사하고 감시해야 할 일을 남에게 맡기는 것은 태만이다.

누군가에게 내 비밀을 털어놓고 싶은 욕구에 굴복하는 것은 사욕이다.

남에게 털어놓은 비밀로 자신을 과시하려 한다면 그것은 허영심이다.

반대로 남이 나를 불신한다고 해서 분개할 필요는 없다. 그의 불신은 오히려 나의 솔직함을 칭찬하는 말일 수 있기 때문이다. 솔직함은 너무나 드물어서 그 존재 자체를 믿기 어렵다는 정직한 고백이나 마찬가지다.

24
타인은
나의 거울이다

우리는 자기 몸무게는 느끼지 못하면서 남의 몸무게는 무겁게 느끼듯, 자신의 결점에는 둔감하면서 타인의 결점은 날카롭게 본다. 우리에게는 타인이라는 거울이 있어서 그 거울을 통해 나의 악덕과 결점, 악습과 추한 모습을 비춰 볼 수 있다. 그러나 대부분의 사람들은 거울 속 모습이 자신임을 깨닫지 못하고 다른 개를 보며 짖는 개처럼 행동한다.

역설적으로 남을 비판하는 행위는 자신을 개선하는 노력이 될 수 있다. 타인의 잘못을 날카롭게 지적하는 사람은 그만큼 자기 자신을 바로잡고자 하는 정의감과 자부심을 지니고 있기 때문이다.

25
타고나기를 부유한 사람처럼
부를 생각하라

가난과 싸워 본 사람은 소문으로만 가난을 아는 사람보다 가난을 훨씬 덜 두려워한다. 이 때문에 빨리 부자가 된 사람들은 그렇지 않은 사람들보다 낭비하는 경향이 더 강하다.
반대로 유복한 집안에서 태어나고 자란 사람은 부는 공기처럼 없어서는 안 되는 것으로 여기고 생명처럼 지키려 하며 대체로 신중하고 검소한 삶을 산다.

26
부자가 무지하면
더 천박하다

부유한 사람이 무지하면 품격이 떨어진다.

가난한 사람은 궁핍한 현실에 얽매여 지식보다는 당장의 성과에 몰두할 수밖에 없다.

반면 무지한 부자는 오직 자신의 욕망만을 따라 살아가는데, 이는 짐승의 삶과 다르지 않다.

결국 무지한 부자는 자신에게 주어진 가장 귀한 것, 즉 부와 여가를 제대로 활용하지 못했다는 비난을 피할 수 없다.

27
돈은
절대적인 선이다

수많은 욕구를 지닌 인간에게 부가 다른 무엇보다 숭배받는 것은 당연한 일이다. 심지어 권력마저 부를 얻기 위한 수단으로 여겨지거나 돈 때문에 철학과 같은 고귀한 가치가 훼손되는 것도 놀라운 일이 아니다.

사람들은 돈을 사랑한다는 이유로 종종 비난받지만, 이는 자연스럽고 불가피한 일이다. 돈은 지칠 줄 모르는 변신술사처럼 우리의 변화무쌍한 모든 욕구를 언제든 만족시켜 줄 수 있기 때문이다.

세상의 다른 모든 재화는 오직 한 가지 욕구만을 충족시키는 상대적인 선이다. 음식은 배고픈 자에게만, 약은 아픈 자에게만 좋을 뿐이다.

그러나 돈은 절대적인 선이다. 돈은 어떤 특정한 욕구가 아닌 추상적으로 모든 욕구를 충족시켜 주기 때문이다.

28
속물은 부와 권력만 존경하고
지성은 질투하고 미워한다

속물은 정신적 욕구가 아닌 신체적 욕구만을 지닌 사람이다. 그래서 타인에게서도 오직 그것을 채워 줄 능력만 찾는다. 타인의 뛰어난 정신적 능력을 존경하기는커녕 오히려 그것에 혐오감과 증오심을 느낀다. 상대의 지성 앞에서 불쾌한 열등감과 은밀한 질투심을 느끼기 때문이다.

이 질투심을 감추려 애쓰지만, 그럴수록 질투는 더욱 커져 조용한 원망이 되어 쌓인다. 결국 그의 존경심은 오직 지위, 부, 권력 같은 외적인 것들만을 향한다.

이 모든 비극의 근본적인 이유는 단 하나, 그가 정신적인 욕구 자체가 없는 사람이기 때문이다.

29
있다고 자랑하는 사람은
없다고 고백하는 것이다

허세를 부리지 마라. 허세는 언제나 경멸을 불러일으킨다.

첫째, 허세는 두려움에서 비롯된 기만 행위이므로 그 자체로 비겁하다.

둘째, 허세는 자신이 아닌 모습으로 보이려는 시도이므로 스스로에게 내리는 유죄 선고나 다름없다.

어떤 장점을 가진 척 허세를 부리는 것은 역설적으로 그 장점이 자신에게 없다는 고백이나 마찬가지다. 용기든, 학식이든, 재능이든, 인기도든, 부든, 지위든 무엇이든 간에 그것으로 뻐기는 사람은 바로 그 지점에서 결핍을 느끼고 있음을 고백하는 것이다.

진정으로 어떤 장점을 완벽하게 갖춘 사람은 그것을 굳이 겉으로 드러내려 하지 않는다. 그는 자신이 가진 것에 대해 그저 담담하고 평온한 태도를 취할 뿐이다.

30
자신에게 맞는 일을 찾아라

우리가 할 수 있는 유일한 일은 타고난 개성을 최대한 유리하게 활용하는 것이다. 이를 위해 자신의 본성에 맞는 일과 수양에 힘쓰고, 그에 걸맞은 삶의 방식을 선택해야 한다.

가령 헤라클레스 같은 장사가 섬세한 수공업이나 정신노동에 묶여 그 힘을 쓰지 못한다면 평생 불행을 느낄 것이다. 이보다 더 큰 불행은 뛰어난 지성을 타고난 사람이 하찮은 일에 묶여 그 능력을 발휘하지 못하는 경우다. 다만 젊은 시절에는 자신의 재능을 섣불리 과신하는 오만함을 경계해야 한다.

결국 '어떤 사람인가'가 '무엇을 가졌는가'보다 훨씬 중요하므로 부를 쫓기보다 건강을 지키고 능력을 계발하는 것이 더 현명하다. 물론 삶에 필요한 최소한의 것들을 소홀히 하라는 뜻은 아니다. 삶에 필요한 것을 얻는 것은 중요하지만, 일정 수준을 넘어선 부는 우리의 행복에 거의 영향을 주지 못한다. 수많은 부자가 오히려 불행을 느끼는 이유도 그 때문이다.

강용수의 철학 에세이
인생에 철학이 필요한 이유

철학은 종종 난해하고 뜬구름 잡는 이야기라는 비판을 받는다. 철학자의 사상을 따라잡기가 어려운 이유도 있지만, 철학적 논의가 주로 상아탑 안에서 논문이나 학회 발표로만 이뤄지기 때문이다. 이렇게 되면 철학은 학자와 전문가들의 전유물이 되고, 대중의 관심에서 멀어진다. 철학자가 추구한 진리와 선, 미가 일상과 단절된 공허한 담론으로만 남는다면 철학 책은 대중에게 외면받을 수밖에 없다. 철학은 학자들만의 전유물이 아니라 오늘날 살아가는 모든 사람의 구체적인 삶과 맞닿아야 한다. 추상적인 관념의 세계가 아니라 우리의 일상을 다뤄야 한다.

마흔쯤 되면 인생의 전환점이 온다고 한 쇼펜하우어의 말처럼 나이 들수록 철학에 대한 관심이 깊어지는 이유는 무엇일까? 인생을 70년으로 본다면, 전반부 40년의 경험과 후반부 30년의 해석이 필요하다. 세계를 바라보는 자신만의 관점을 갖기 위해서는 다양한 경험과 그것을 이해할 수 있는 성찰이 함께 해야 한다.

이런 점에서 철학자가 쉽게 풀어 쓴 에세이와 인생론은 우리가 어떻게 살아야 할지 방향을 잡아 주는 길잡이가 된다. 취업 준비를 할 때는 필요 없다고 여기는 철학의 이야기가 사람이 성숙해지고 나이가 들어갈수록 더 설득력 있게 다가오는 것도 그 때문이다.

삶의 경험이 쌓였다고 해서 저절로 지혜가 생기는 것은 아니다. 우리는 끊임없이 "왜?", "무엇을 위해?"라는 질문을 던져야 한다. 이해를 위해 필요한 것은 바로 질문과 대답의 과정이다. 아무것도 묻지 않는다면 아무것도 들을 수 없다. 주변의 일상을 이해하는 일에서 출발해 결국에는 "나는 누구인가"라는 질문으로 나아가게 된다.

우리는 이미 어렴풋이 나 자신을 알고 있다. 전혀 모르는 것은 아니다. 그러나 철학적 질문을 던질 때 비로소 희미한 자아가 더 뚜렷해진다. 내가 원하는 것과 내가 할 수 있는 것, 욕망과 능력이 일치하는 지점을 찾아 이 세계의 중심에 바로 서기 위해 철학이라는 든든한 동반자가 필요하다.

31
쉽게 쓰는 일은 어렵고
어렵게 쓰는 일은 쉽다

아무도 이해하지 못하게 글을 쓰는 것만큼 쉬운 일은 없다. 반대로 중요한 사상을 누구나 이해할 수 있도록 표현하는 것만큼 어려운 일도 없다.

이해할 수 없는 문장은 오히려 이해하지 못하는 사람에게 친숙하게 여겨진다. 신비롭게 포장된 글은 그 안에 깊은 뜻이 숨어 있을 것이라는 착각을 불러일으키기 때문이다.

그러나 현학적인 글을 쓰는 데는 지성이 필요 없다. 진정한 지성은 있는 그대로의 진리를 분명하게 보여 줄 때야말로 드러나는 법이다.

32
타인의 생각만 받아들이면 스스로 생각할 힘을 잃어버린다

독서는 스스로 생각하지 않고 다른 사람이 대신 생각해 주는 행위다. 책을 읽는 동안 우리는 거의 생각하지 않는다. 책을 쓴 사람을 따라갈 뿐이다. 스스로 사고하다가 독서를 하면 마음이 홀가분해지는 이유도 거기에 있다.

그러나 책을 읽는 동안 우리의 머리는 타인의 생각이 뛰어노는 놀이터일 뿐이다. 지나치게 책만 많이 읽고 멍하니 시간을 보내는 사람은 점차 독자적 사고 능력을 잃는다. 늘 말을 타는 이가 걷는 법을 잊는 것과 같다. 그렇다면 타인의 생각이 물러간 뒤에 무엇이 남겠는가?

끊임없이 타인의 생각만 밀려드는 정신은 계속 압력을 받아 탄성을 잃어버린 용수철과 같다. 정신의 탄력은 약해지고 스스로 솟아오를 힘을 잃고 만다.

33
문체는 곧
생각이다

단순함은 언제나 진리의 특징이자 동시에 천재성의 증표였다. 진정한 사상가는 자신의 생각을 최대한 순수하고 명료하게, 그리고 확실하고 간결하게 표현하려 애쓴다.

문체는 사상의 아름다움을 보존하는 수단일 뿐 사상을 억지로 꾸미는 도구가 돼서는 안 된다. 문체란 사상의 윤곽을 보여 주는 단순한 실루엣에 지나지 않는다.

글이 불명료하고 조잡하다는 것은 곧 생각이 흐릿하고 혼란스럽다는 뜻이다.

34
모든 존재는
변화하는 현상에 불과하다

우리의 삶은 현미경으로 봐야 할 만큼 작은 점에 불과한데 우리는 시간과 공간이라는 렌즈로 그것을 거대하게 확대해서 본다.

특히 시간이란, 덧없는 존재가 실재한다는 환상을 불어넣는 정신적인 장치일 뿐이다. 그러니 지나간 행복을 놓쳤다고 한탄하는 것은 어리석은 일이다. 그것을 얻었다 한들 지금 남는 것은 기억이라는 잔상뿐이다. 실제로 우리가 손에 넣은 모든 것은 결국 기억으로만 남는다. 시간의 흐름은 지상의 모든 쾌락이 얼마나 헛된 것인지를 우리에게 가르쳐 준다.

결국 인간을 포함한 모든 생명체의 삶이란, 고정된 실체가 아니라 끊임없이 변화하며 존재하는 흐름일 뿐이다.

35
인생의 봄은 길고
인생의 가을은 짧다

청년의 눈에는 인생이 무한한 미래로 보이지만, 노년의 눈에는 아주 짧은 과거로 보인다. 이는 마치 오페라글라스의 먼 쪽 렌즈로 삶을 봤다가 가까운 쪽 렌즈로 삶을 보는 것과 같다. 인생이 얼마나 짧은지는 늙어 봐야 안다. 즉 오래 살아봐야 비로소 알게 된다. 청년기에는 시간이 더디게 흘러가므로 인생의 첫 4분의 1은 가장 행복할 뿐 아니라 가장 길게 느껴지는 시기이며, 어느 때보다 많은 추억을 남긴다. 이 때문에 누구나 나이가 들면 삶의 후반부보다 유년 시절에 대해 더 할 이야기가 많은 것이다. 인생의 봄은 하루하루가 길게 느껴지지만, 인생의 가을은 하루가 짧아진다. 그 대신 더 평온하고 한결같을 것이다.

36
모든 존재는
소멸한다

인간은 반드시 시작과 끝이 있다. 죽음이 필연적인 이유는 인간이 영원한 실체가 아니라 일시적인 현상에 불과하기 때문이다. 만약 우리가 영원한 실체였다면 결코 소멸하지 않았을 것이다.

우리의 삶은 시작과 끝이 너무나 다르다. 욕망과 환락으로 시작되지만, 결국 모든 신체 기관이 파괴되고 썩는 냄새를 풍기며 끝날 뿐이다.

행복의 면에서 인생은 언제나 내리막길이다. 꿈꾸는 유년기와 즐거운 청년기를 지나 고통스러운 장년기와 쇠약한 노년기를 거쳐 마침내 죽음이라는 마지막 싸움에 이른다.

이 모든 사실을 볼 때 인간의 생존이란 하나의 오류이며, 그 오류의 결과가 점차 명백해지는 과정이 아닌가? 결국 인생을 환멸로 파악하는 것이 가장 정확한 진단일 것이다.

37
삶은 죽음을 향해 나아가는 항해다

대부분의 인생은 생존을 위한 끊임없는 투쟁이며, 그 끝은 정해진 패배뿐이다. 그럼에도 사람들이 이 힘겨운 싸움을 견디는 것은 삶을 사랑해서가 아니라 죽음을 두려워하기 때문이다.

삶이란 암초와 소용돌이가 가득한 바다와 같다. 인간은 평생에 걸쳐 신중하게 그것들을 피하려 애쓴다. 하지만 사실 그 모든 노력은 단 하나의 목표, 즉 죽음이라는 최악의 난파를 향해 한 걸음씩 다가가는 과정일 뿐이다.

결국 죽음이야말로 이 힘겨운 항해의 최종 목적지이며, 우리가 그토록 피해 왔던 그 어떤 암초보다도 더 끔찍한 것이다.

38
인생은 한바탕 꿈, 죽음은 그 꿈에서 깨어나는 것

우리가 불안해하고 염려하는 것의 절반은 '남이 나를 어떻게 볼까' 하는 염려에서 비롯된다. 쉽게 상처받는 자존심, 온갖 허영과 허세의 밑바닥에는 바로 이 불안이 깔려 있다. 이 불안만 없다면 세상의 사치는 훨씬 줄어들 것이다. 자부심과 명예욕 역시 이 불안에 뿌리를 두고 있으며, 우리는 평생에 걸쳐 이를 위해 막대한 희생을 치른다.

끔찍한 악몽 속에서 불안이 최고조에 달했을 때 바로 그 불안 덕분에 잠에서 깨어나듯, 인생도 마찬가지다. 지독한 불안의 절정에서 우리는 인생이라는 꿈을 깨뜨려 버리기도 한다.

이런 관점에서 본다면 인생은 한바탕 꿈에 불과하고 죽음은 그 꿈에서 깨어나는 것이다. 죽음이란 낯선 상태로 넘어가는 것이 아니라 오히려 우리의 본래 상태로 되돌아가는 것일 수 있다. 인생은 그 앞에서 짧은 한 편의 에피소드일 뿐이다.

39
지금 이 순간을
명랑하게 받아들여라

멀리 있는 것은 육안에는 작아 보이지만, 마음의 눈에는 오히려 크게 보인다. 그러나 현재만이 진실이고 현실이다. 우리의 삶은 오직 지금 이 순간에서만 존재한다.

그러므로 우리는 현재를 항시 명랑한 기분으로 받아들여야 한다. 직접적인 불쾌나 고통이 없다면 그 자유로운 시간을 있는 그대로 즐기는 것이 지혜다. 과거에 품은 희망이 무너졌다 해서 미래에 대한 우려가 있다 해서 현재의 시간을 우울하게 망쳐서는 안 된다. 불만과 걱정 때문에 좋은 순간을 내팽개치는 것만큼 어리석은 일은 없다. 심지어 후회와 걱정에도 일정한 시간만 허용하는 것이 좋다.

40
더 큰 쾌락보다
더 작은 고통을 추구하라

인생의 전반기가 아직 오지 않은 행복을 향한 동경으로 채워진다면 후반부는 언제 올지 모를 불행에 대한 염려로 채워진다. 나이가 들수록 행복은 신기루와 같고, 고통이 현실이라는 사실을 깨닫는다.

청년 시절에는 초인종 소리에 무슨 좋은 일이 있을지 기대하지만, 나이가 들어서는 그 소리에 무슨 골칫거리일지 두려움 섞인 마음이 든다.

그래서 이성적인 사람이라면 더 큰 쾌락을 얻기보다 지금 가진 것을 잃지 않는 평온한 상태를 추구한다.

강용수의 철학 에세이
고통을 긍정한 뒤에는 반드시 성장한다

쇼펜하우어에 따르면 삶에는 고통이 늘 따를 수밖에 없다. 고통은 인생 항해에서 배의 균형을 잡아 주는 '바닥짐'과 같다. 마음의 고통이 없다면 작은 파도에도 배가 흔들려 쉽게 침몰하고 만다.

욕망이 충족되지 않을 때 생기는 고통은 객관적인 조건뿐 아니라 성격이라는 주관적 조건에 따라 달리 인식된다. 예를 들어, 예민한 사람이 느끼는 고통이 7이라면 느긋한 사람은 3으로 느낄 수도 있다. 하나의 고통이 사라지면 다른 고통이 찾아오기 마련이기에 인생은 고통의 연속이다. 따라서 고통을 받아들이는 태도와 성격에 따라 어떤 이는 염세적으로, 또 어떤 이는 명랑하게 살아간다. 성격은 쉽게 바뀌지 않기에 불행의 감정을 극복하기 어렵지만, 명랑한 사람은 험난한 세상도 견뎌 낼 힘을 지닌다. 결국 고통을 바라보는 관점이 무엇보다 중요하다. 삶을 포기하고 싶은 사람이라도 세상을 낙천적으로 보려는 노력을 기울인다면 위기를 넘어설 수 있다.

반면 니체는 "차라리 태어나지 않았더라면…"이라는 염세주의를 넘어서는 길을 찾았다. 그것은 고통스러운 삶마저 "다시 한 번 더" 원할 수 있는 태도, 곧 운명애(Amor fati)다. 니체는 평생 질병의 고통에 시달렸지만, 그 과정을 통해 더 넓은 안목을 얻었다고 고백한다.

"나를 죽이지 못하는 고통은 나를 더욱 강하게 만든다."

그의 이 유명한 말은 고통을 감내할 때 인간은 더 성장한다는 통찰을 담고 있다.

누구에게나 살아 있는 동안 죽을 만큼 힘든 고통이 찾아온다. 그래서 태어난 것을 후회하거나 가지 않은 길을 그리워하기도 한다. 그러나 니체에 따르면 우리는 살아 있는 동안 여러 번의 '죽음'을 겪어야 한다. 운명애란 좋은 삶만을 골라 긍정하는 태도가 아니다. 니체가 말하는 극복은 고통을 통해 자아의 벽을 깨뜨리고 더 넓은 세계로 확장되는 것이다. 초인이 말하는 영웅적인 삶이란 나의 모든 삶을 더하지도 빼지도 않고 있는 그대로 긍정하는 태도다. 나 역시 고통스러운 순간들까지도 다시 원할 수 있는 용기를 통해 조금씩 성장할 수 있었다.

41
행복은 객관적인 조건이 아니라 주관적인 조건으로 결정된다

우리의 행복을 결정하는 데 있어 주관적인 조건은 객관적인 조건보다 비교할 수 없을 만큼 중요하다. 그 사실은 일상에서도 쉽게 확인할 수 있다.

특히 건강이라는 내면의 재산은 다른 어떤 외적인 부보다 월등하다. 정말로 건강한 거지가 병든 왕보다 더 행복하다. 온전한 건강에서 비롯된 차분하고 명랑한 기질, 명료하고 통찰력 있는 지성, 그리고 부끄럼 없는 양심과 같은 내면의 장점은 그 어떤 지위나 부로도 대신할 수 없다.

결국 한 인간을 이루는 그 자신, 홀로 있을 때도 함께하며 누구도 빼앗을 수 없는 것들이야말로 그가 가진 소유나 타인의 시선보다 본질적으로 더 중요하다.

42
가장 행복한 운명을 타고난 사람은 내면이 풍요로운 사람이다

세상은 고통과 궁핍으로 가득하며, 운 좋게 그것을 피한 사람에게는 무료함이 호시탐탐 다가온다. 세상의 주도권은 악의가 쥐고 어리석음이 큰소리를 치니, 운명은 잔혹하고 인간은 가련할 따름이다.

이런 세상에서 내면이 풍요로운 사람은 마치 눈보라 치는 한겨울 밤에 따뜻하고 아늑한 방에 앉아 있는 것과 같다. 풍부한 개성, 특히 탁월한 정신을 지닌 사람은 비록 세상이 말하는 행운아는 아닐지라도 지상에서 가장 행복한 운명을 타고난 사람이다.

43
기개를 갖고 살라

행복을 위해 지혜 다음으로 중요한 자질은 용기다. 지혜는 어머니한테서, 용기는 아버지한테서 물려받는 것이지만, 의지와 수련을 통해 키울 수 있다.

인생이란 온갖 시련과의 투쟁이며, 우리는 한 걸음 한 걸음 내디딜 때마다 싸워야 한다. 따라서 세상을 살아가려면 운명의 시련에도 끄떡 없는 단호한 기개가 필요하다.

44
삶의 모습은 다르지만
그 본질은 같다

인간의 삶은 어떤 형태를 띠든 언제나 동일한 요소를 품고 있다. 그렇기에 오두막에서 살든 궁정에서 살든, 수도원에서 살든 군대에서 살든 그 삶의 본질은 같다.

삶에서 일어나는 모험이나 행운, 불행은 다양한 형태의 과자와 같다. 모양과 색깔은 달라 보여도 모두 같은 반죽으로 만들어진 것이다.

또한 인생은 마치 만화경 속의 그림과 같아서 만화경을 돌릴 때처럼 새로운 모습이 나타나는 것 같지만, 사실은 언제나 같은 조각을 보고 있는 것이다.

45
최선을 다하고
겸허하게 받아들여라

옛말에 세상을 지배하는 세 가지 힘으로 지혜, 힘, 운을 꼽았는데 이 중 운이 가장 큰 역할을 한다. 인생은 항해와 같아서 운명이라는 바람이 우리를 나아가게도 하고 물러나게도 하기 때문이다. 우리의 노력은 고작 노를 젓는 것과 같다. 순풍을 만나면 노가 필요 없을 정도로 멀리 나아가지만, 돌풍을 만나면 아무리 애써도 소용없이 제자리로 돌아오고 만다. 이렇듯 운은 우리의 자격이나 노력이 얼마나 헛된 것인지를 깨닫게 한다. 그럼으로써 우리는 운의 자비에 감사하게 되고 겸허한 마음으로 그 선물을 기대할 수 있게 된다.

하지만 인생 행로를 자신만이 만든 것은 아니다. 외부에서 일어나는 수많은 사건과 우리 자신의 수많은 결정이라는 두 힘이 만들어 낸 결과다. 우리는 이 두 요소를 예측할 수 없기에 언제나 불확실한 상황에서 최선의 방향을 추측할 뿐이다. 결국 인생이란, 이 두 힘이 서로를 끌어당기며 만들어 내는 대각선의 경로와 같다.

46
똑같은 일도
사람마다 다르게 받아들인다

우리가 살아가는 세계는 객관적 현실이 아닌 각자의 생각에 따라 결정된다. 똑같은 세상도 사람에 따라 빈약하고 하찮거나 풍요롭고 의미 있는 곳이 된다.

우리는 종종 타인이 겪은 흥미로운 일을 부러워하지만, 정작 부러워해야 할 것은 그 사건을 의미 있게 해석하는 그의 뛰어난 통찰력이다. 똑같은 사건도 지혜로운 이에게는 깊은 통찰을, 평범한 이에게는 진부한 일상을 보여 줄 뿐이다. 다혈질인 사람에게는 흥미로운 갈등이고, 점액질인 사람에게는 대수롭지 않은 일이며, 우울질인 사람에게는 비극으로 다가온다.

현실이란 이처럼 주관과 객관이라는 두 절반으로 이뤄진다. 객관이 같아도 주관이 다르면 현실은 달라진다. 객관적 절반이 아무리 훌륭해도 주관적 절반이 형편없으면 결국 초라한 현실을 마주할 뿐이다. 경치 좋은 곳도 날씨가 나쁘거나 질 낮은 카메라로 찍으면 아름답지 못한 것과 같다.

47
인생의 가장 큰 변수는 자기 자신이다

인생은 주사위 놀이와 같다. 주사위가 던져진 결과가 마음에 들지 않으면 우리는 기술로 운명을 개선해야 한다. 운명이 카드를 섞으면 우리는 그저 게임을 할 뿐이다. 인생을 체스에 비유하자면 내가 세운 계획은 운명이라는 상대방이 어떤 수를 두느냐에 따라 끊임없이 제약을 받는다. 그래서 몇 가지 원칙만 남고 대부분 수정된다.

그러나 인생에는 이 모든 계산을 뛰어넘는 변수가 있다. 바로 우리가 생각보다 어리석다는 사실과 때로는 생각보다 현명하다는 사실이다. 우리 안에는 머리보다 더 지혜로운 무언가가 존재한다. 우리는 인생의 중요한 순간에 명확한 이성적 판단이 아닌, 존재의 깊은 곳에서 우러나오는 본능적인 충동에 따라 행동한다. 나중에서야 빌려온 개념이나 일반 원칙에 기대 자신의 행동을 섣불리 비판하지만, 결국 시간이 지나면 본능이 옳았음이 드러난다.

48
인생의 40년은 본문이고
이후 30년은 주석이다

인생의 첫 40년은 본문을 쓰는 시간이고, 그다음 30년은 그 본문에 대한 주석을 쓰는 시간이다. 이 주석을 통해 우리는 비로소 삶의 진짜 의미와 맥락을 깨닫게 된다.

인생의 끝은 가면을 벗는 가면무도회의 끝과 같다. 평생에 걸쳐 만났던 사람들의 진짜 모습이 비로소 어떤지 드러나기 때문이다. 성격은 명백해지고, 성과는 정당한 평가를 받고, 행위는 열매를 맺으며, 모든 환상은 사라진다. 모든 것이 드러나기까지 시간이 필요했던 것이다.

가장 기이한 점은 인생의 마지막에 이르러서야 비로소 자기 자신을, 세계 속에서의 자신의 목표와 목적을 제대로 알게 된다는 것이다.

49
무심코 흘려보낸 시간은
내가 그토록 기대하던 삶이다

우리 인생은 거친 모자이크 그림과 같다. 가까이서 보면 그 아름다움을 알 수 없고 멀리서 봐야 비로소 감상할 수 있다.

이 때문에 우리는 현재에 만족하지 못한다. 간절히 원하던 것을 얻으면 이내 공허함을 느끼고, 더 나은 미래를 기대하거나 이미 지나간 과거를 그리워한다.

대부분의 사람들은 현재를 그저 목적지로 가는 과정쯤으로 여기며 무시한다. 그러다 인생의 마지막에 이르러서야 자신이 평생을 임시로 살아왔음을 깨닫는다.

사람은 자신이 무시하고 흘려보낸 바로 그 순간들이 그토록 기대하며 살아온 인생이었음을 뒤늦게 깨닫고 놀란다. 결국 인간의 삶이란, 희망에 속아 죽음의 품으로 달려가는 길과 같다.

50
오늘은 단 한 번뿐 두 번 다시 오지 않는다

두려움이 사라지고 마음이 고요해지면 소망과 욕구가 다시 불안을 일으키기 마련이다. 결국 인생을 즐기는 조건은 안정된 마음이다.

오늘이라는 날은 단 한 번뿐, 두 번 다시 오지 않는다. 그런데도 우리는 내일도 오늘과 같을 것이라고 착각한다. 내일 역시 또다시 돌아오지 않는 단 한 번의 오늘에 불과하다.

그럼에도 우리는 하루하루를 다른 날과 대체할 수 없음을 쉽게 잊는다. 병들었을 때는 고통이 없던 날을, 슬픔에 빠졌을 때는 기뻐했던 순간을 잃어버린 낙원처럼 한없이 그리워하듯 건강하고 평온한 시간에도 그 가치를 늘 의식해야 한다. 그래야만 우리는 현재를 더 깊이 음미하고 즐길 수 있을 것이다.

강용수의 철학 에세이
쇼펜하우어와 니체가 말하는 인생

쇼펜하우어는 인생을 항해에 비유하며 세 가지 요소를 꼽는다.

첫째는 인간의 본능이다. 살기 위해 노를 젓는 것은 인간의 자유다.

둘째는 운이다. 바닷바람처럼 우리의 항로를 결정할 때 운이 크게 작용한다. 아무리 앞으로 나아가려 해도 거센 역풍을 만나면 뒤로 밀려나고, 순풍을 만나면 힘들이지 않아도 전진한다.

셋째는 지혜다. 자유의지와 운명 사이에서 길러지는 삶의 통찰이다. 우리는 처음부터 지혜를 갖고 태어나지 않기에 시행착오를 겪으며 배운다. 인생 항로는 예측할 수 없는 운에 따라 언제든 바뀔 수 있으므로, 노력과 결과를 동일시해서는 안 된다. 노력했다고 반드시 성공하는 것도 아니며, 반대로 큰 노력 없이도 좋은 결과를 얻는 경우가 있기 때문이다.

니체 역시 인생을 항해에 비유한다. 그는 파도와 바람을 두려워하지 말고 전진할 강한 의지와 자신감을 가지라고 말한다. 파도가 없는 잔잔한 바다처럼 고통이 없는 인생은 오히려 따분하다. 항해하다가 태풍을 만나 절망하는 순간이야말로 인생의 전환점이 된다. 나의 의지와 외부의 운명이 충돌할 때 비로소 자신의 능력과 욕망을 깊이 들여다보게 된다. 앞으로 나아가지 못해 절망할 때 외부의 바람만 탓하지 말고 내 안의 방향을 바로잡으려는 노력이 필요하다.

내가 살아온 경험으로 봐도 인생은 결코 뜻대로 되지 않았다. 삶을 사는 것은 자유지만, 수많은 노력이 언제나 좋은 결과로 이어지는 것은 아니다. 마치 주사위를 던지듯 인생은 노력과 운이 만나 예기치 않은 결과를 만든다. 중요한 것은 실패 속에서도 꾸준히 시도하며 주사위를 계속 던지는 일이다. 실패와 마찬가지로 세상에서 크게 성공하는 모든 일은 노력만으로 된 것이 아니라 운이 함께했기 때문이다. 포기하지 않고 의지대로 성실히 살아간다면 언젠가 순풍이 행운처럼 다가오리라 믿는다.

PART 2.

니체의 인생론

프리드리히 니체

01
소나무 같은 사람이 되라

이 땅에 고결하고 강인한 의지보다 더 아름답고 신나는 것은 없다. 그런 나무 한 그루만 있어도 땅 전체에 생기가 도는 법이다.

그대처럼 성장하는 존재를 장엄하게 서 있는 한 그루 소나무에 비유하고자 한다.

그 소나무는 장구하고 말없이, 엄하고 외롭게 서 있다. 그러나 더없이 유연하고, 장엄하기까지 한 모습으로 억세고 푸른 가지들을 사방으로 뻗는다. 바람과 폭풍우를 향해 당당히 질문을 던지고, 또한 당돌하게 대답한다.

이처럼 위대한 나무를 보기 위해서라면 그 누가 산이 높다 하여 오르기를 주저하겠는가?

방황하는 자 또한 그대의 굳건한 모습에서 안정을 얻고 마음의 병을 고치리라.

02
두려움을 극복하는 사람의 용기

용기야말로 최고의 살해자다.

모든 공격 속에 진군의 나팔 소리가 울려 퍼지는 저 공격적인 용기 말이다. 인간은 그 용기로 모든 비통을 극복했다.

용기는 심연에서 느끼는 현기증마저 죽인다.

우리가 서 있는 모든 곳이 심연이요, 살아 본다는 것 자체가 심연을 들여다보는 일인데도 말이다.

용기는 죽음마저 죽이는 최고의 살해자다.

"그것이 삶이었던가? 좋다! 그렇다면 다시 한 번!"

이 외침에 얼마나 많은 진군의 나팔 소리가 담겨 있는가?

그대에게는 용기가 있는가? 그 어떤 신도 내려다보지 않는 고독한 은둔자의 용기, 저 높은 곳을 나는 독수리의 용기가 있는가?

두려움을 알지만 그것을 극복하는 자, 긍지를 품고 독수리의 눈으로 심연을 응시하며 그 심연을 움켜쥐는 자, 그런 자만이 진정으로 용기 있는 자다.

03
자신만의 길을
걷는 사람의 숙명

자신만의 길을 걷는 사람은 도중에 누구도 만나지 못한다. 도와주는 사람 없이 위험, 우연, 악의를 홀로 감당해야 한다. 오직 자신을 위해 이 길을 가는 사람은 때로 이 무자비한 사명에 치를 떨기도 한다.

가장 가까운 친구들조차 내가 어디로 가는지 보지 못한다. 무엇을 향해 가는지 알지 못한다.

사람들은 종종 나를 다른 누군가와 혼동하고는 한다. 나는 그 모든 오해 속에서 나 자신을 스스로 변호하고 경계 지어야만 한다. 나는 나 스스로를 도와야만 한다.

도대체 무엇 때문에 사람들은 이토록 자신만의 길을 걸어가려 하는가?

이 물음은 여전히 남아 있다.

04
무르익은 모든 것은
더 이상 바람이 없다

포도넝쿨이여, 어찌하여 너를 자른 나를 찬미하는가? 나는 잔인했고 너는 피 흘렸거늘.

포도넝쿨은 답한다.

"완전하게 무르익은 모든 것은 죽기를 원하기 때문이다."

반면 설익은 모든 것은 살고 싶어 안달이다.

고뇌하는 자들은 살아남아 기쁨과 연모의 정을 누려 보길 원한다. 더 높은 곳, 더 환한 곳을 향한 그리움을 품고서.

05
모든 인간은 자기 자신을 오해할 수밖에 없다

우리는 자기 자신을 알지 못한다. 인식자조차도 자기 자신을 알지 못한다. 그럴 만한 이유가 있다. 우리는 단 한 번도 자기 자신을 탐구해 본 적이 없기 때문이다.

우리는 태어날 때부터 정신의 꿀을 모으는 꿀벌과 같아서 언제나 벌통으로 무언가를 가져오는 일에만 몰두한다. 그 외의 다른 삶, 즉 체험에는 거의 관심을 기울이지 않는다.

그러다 문득 정오의 종소리에 깜짝 놀라 "벌써 몇 시지?"라고 묻는 사람처럼 우리는 뒤늦게야 자신에게 묻는다.

"나는 대체 무엇을 체험한 것인가? 나는 과연 누구인가?"

그러나 우리는 이미 울려 퍼진 종소리를 제대로 세지 못한다.

결국 모든 인간은 자기 자신에게 가장 낯선 이방인이며, 스스로를 오해할 수밖에 없는 운명이다.

이 명제는 영원히 유효할 것이다.

06
나약한 나 자신에게 고하라

삶을 견뎌 내기 힘들다고 말하는가?
어찌하여 아침에는 긍지로 가득했다가 저녁에는 체념하는가?
그렇다. 삶은 힘겹다. 그러나 삶이 힘들다고 해서 그렇게 연약한 소리는 내지 마라.
우리가 삶을 사랑하는 이유는 삶에 익숙해서가 아니라 사랑에 익숙하기 때문이다. 모든 사랑에는 약간의 광기가 섞여 있고, 모든 광기 속에는 약간의 이성이 숨어 있는 법이다.

07
강한 사람은 현실을 긍정하지만
약한 사람은 현실을 부정한다

최고의 긍정이란, 충만함 속에서 태어나는 삶에 대한 조건 없는 긍정이다. 고통과 죄, 그리고 삶의 모든 의문스러운 것들까지 남김없이 끌어안는 태도다.

이 긍정은 단순한 낙관이 아니다. 이 삶에 대한 가장 충만하고 즐거운 긍정이야말로 진리와 학문에 의해 증명되는 가장 심오한 통찰이다. 존재하는 것 가운데 버릴 것은 아무것도 없으며, 없어도 좋은 것은 단 하나도 없다.

이 진실을 파악하려면 용기가 필요하고, 그 용기는 넘치는 힘에서 나온다. 강한 자는 필연적으로 현실을 긍정하지만, 약한 자는 현실을 부정하거나 이상이라는 거짓으로 도망간다.

08
자신을 스스로 만드는 인간이 되라

우리는 현재의 우리 자신이 돼야 한다.
새롭고, 단 한 번뿐이며, 비교 불가능한 존재, 스스로 법칙을 만들고 스스로를 창조하는 그런 인간이 돼야 한다.
그러기 위해서는 먼저 세계의 모든 법칙과 필연성을 배우고 발견해야 한다. 즉 우리는 창조자라는 의미에서 물리학자가 돼야 한다.

09
모든 신은 죽었다
이제 위대한 의지를 품어라

언젠가 그대들이 나와 하나의 희망을 품는 벗이 된다면 나는 위대한 정오를 축하하기 위해 세 번째로 그대들 곁에 설 것이다.

위대한 정오란, 인간이 짐승에서 초인으로 가는 길 한가운데에 서서 저녁을 향한 길을 새로운 아침을 위한 최고의 희망으로 찬미하는 순간이다. 그때 몰락하는 자는 스스로를 축복할 것이며, 그의 깨달음의 태양은 하늘 한가운데에 떠 있을 것이다.

"모든 신은 죽었다. 이제 위버멘쉬가 오기를!"

이것이 위대한 정오에 우리가 품게 될 최후의 의지다.

10
신과 허무를 넘어서라

위대한 정오의 종소리가 울려 퍼질 때 인간의 의지는 비로소 자유로워진다. 대지는 잃어버렸던 목표를 되찾고, 인간은 새로운 희망을 품게 된다.

이 변화를 이끄는 사람은 신을 초월한 안티크리스트이자 반허무주의자다. 신과 허무를 넘어선 이 새로운 인간은 언젠가 반드시 올 수밖에 없는 존재다.

이런 구원은 낡은 신이 아닌, 더 젊고 강하며 미래를 향한 자에게만 허락된 권리다.

강용수의 철학 에세이
미친 듯이 사랑하고 나서야 의미를 깨닫는다

니체가 쇼펜하우어의 영향을 받았듯, 나의 관심도 자연스레 니체로 옮겨 갔다. 쇼펜하우어가 '삶에의 의지'를 말했다면, 니체는 '힘에의 의지'를 말했다. 두 철학자는 인간의 이성보다 의지를 강조했다는 점에서 닮아 있다.

처음 《차라투스트라는 이렇게 말했다》를 읽었을 때, 알 수 없는 마력에 이끌렸다. 책을 덮고 난 뒤에는 마치 불꽃이 활활 타고 남은 하얀 재처럼 영혼이 모두 증발해 버린 듯했다. 그만큼 니체의 책은 내게 충격이었다. 내 영혼의 모든 것이 빨려 들어가 사라져 버린 듯 제대로 이해할 수 없었지만, '니체'라는 이름은 강렬한 눈빛을 가진 매력적인 사상가로 남았다.

나는 니체의 차라투스트라에게서 '광기'를 사랑하는 법과 마음속의 '춤추는 별'을 긍정하는 법을 배웠다. 인생을 사랑하기 위해서는 이성보다 광기가 더 필요하다. 미쳐야 미치는 것처럼 삶에 대한 열정은 무엇보다 소중하다. 인생의 의미나 목적을 알게 된 후에 사랑하는 것이 아니라 먼저 미친 듯이 사랑할 때 비로소 의미가 생겨난다.

니체의 인기는 우리나라뿐 아니라 전 세계적으로도 뜨겁다. 이는 철학자 개인의 매력 때문이기도 하지만, 그의 사유가 가진 보편성 때문이다. 독일인이든 한국인이든 누구나 니체를 위대한 철학자로 여긴다. 그리고 니체를 읽는 사람은 각자 자신만의 니체를 만들어 낸다. 어쩌면 니체를 통해 자기 자신을 들여다보고, 또 자신을 통해 니체를 다시 읽어 내는 과정일 것이다.

따라서 니체는 오해받기 쉬운 철학자. 누구의 해석이 맞고 틀렸다고 단정할 수 없다. 니체의 책은 모든 이에게 열려 있지만, 동시에 아무에게도 열려 있지 않다. 누구나 이해할 수 있지만, 어느 누구도 완전히 이해할 수 없는 모순 속에 있다. 그런 니체의 글은 우리 안의 '심연'을 드러낸다. 마주하기 두려운, 외면하고 싶은 진실을 직시하게 한다. 그 과정을 통해 나 자신을 발견하고, 진실로 사랑하는 법을 배울 수 있다. 위대한 철학자 니체를 만나는 것은 그 자체로 감사한 일이다.

11
인간은 극복돼야 할 그 무엇이다

인간은 극복돼야 할 그 무엇이다. 나는 그대에게 초인이 되기를 가르치노라. 그대는 인간을 극복하기 위해 무엇을 했는가?

지금까지 모든 존재는 자신보다 더 나은 것을 창조해 왔다. 그런데 그대는 이 위대한 흐름 속에서 썰물이 되어 인간을 극복하기보다 짐승으로 되돌아가려 하는가?

인간에게 원숭이란 무엇인가? 웃음거리이거나 견디기 힘든 부끄러움이 아니던가. 초인에게 인간이란 바로 그런 존재다. 한낱 웃음거리거나 견딜 수 없는 부끄러움일 뿐이다.

그대는 벌레에서 인간에 이르는 길을 걸어왔다. 그러나 아직도 그대의 내면에는 벌레였던 시절의 흔적이 가득하다.

12
확신을 갖고
앞으로 나아가라

앞으로 나아가라. 확실한 믿음을 갖고 지혜의 길을 걸어가라. 네가 어떤 존재든 스스로 경험의 원천이 되어 너 자신을 구원하라. 너의 본질에 대한 불만을 던져 버리고 너 자신을 용서하라. 너에게는 인식으로 향하는 백 개의 계단이 이미 주어져 있기 때문이다.

네가 내던져졌다고 느끼는 바로 그 시대가 오히려 너를 축복하고 있음을 기억하라. 다른 시대에는 결코 가질 수 없었던 귀한 경험을 바로 지금 너에게 선물하고 있기 때문이다.

13
모든 경험을 꽃피우는 것은 오직 자신에게 달려 있다

종교와 예술을 어머니처럼 사랑하고 경험하라.
그렇지 않으면 결코 현명해질 수 없다. 그러나 진정으로 현명해지려면 그것을 넘어서서 그 마력의 밖으로 걸어 나올 수 있어야 한다.
역사의 발자취를 따라 거슬러 올라가 보라.
그리하여 인류가 다시는 가서는 안 될 길이 어디인지를 똑똑히 보라. 그런 다음 미래가 어떻게 엮일지를 온 힘을 다해 탐색하라. 그럼 그대의 삶은 인식을 위한 최고의 도구가 될 것이다.
그대의 모든 시도와 실수, 모든 열정과 사랑을 그대의 궁극적인 목표 안에서 꽃피우게 하는 것은 오직 그대 자신에게 달려 있다. 그대의 눈이 자신의 깊은 본질을 꿰뚫어 볼 만큼 강해진다면 그대는 그 거울 속에서 미래의 먼 별자리까지 보게 될 것이다.
마침내 그대는 삶의 정상에서 노년과 지혜를 함께 만나게 될 것이다. 그 후 죽음의 안개가 다가올 때 화낼 까닭은 없다. 빛을 향한 마지막 움직임, 인식의 마지막 환호성을 터뜨릴 시간일 뿐이다.

14
준비된 사람이
무궁무진한 미래를 맞이할 것이다

아직 그 누구의 발길도 닿지 않은 길이 천 개나 있고, 아직 발견되지 않은 생명의 섬이 천 개나 있다. 인간과 땅은 아직 무궁무진한 가능성으로 가득하다.

고독한 자여, 깨어나 귀 기울여라! 미래로부터 비밀스러운 바람이 불어오고 있으니 예리한 귀를 가진 자에게는 기쁜 소식이 들려올 것이다.

15
나의 의지가 극복을 원한다

위험한 모험이야말로 가장 위대한 자가 자신을 바치는 방식이다. 희생과 봉사, 사랑의 눈길이 있는 곳에는 언제나 주인이 되려는 의지가 함께한다.

약한 자들은 뒷길로 들어와 강한 자의 요새로 숨어든다. 그의 심장 속으로 숨어들어 힘을 훔친다. 그러나 심장은 이렇게 비밀을 직접 말한다.

"보라, 나는 끊임없이 나 자신을 극복해야 하는 존재다. 나는 이 자기 극복을 단념하느니 차라리 몰락을 택하겠다. 몰락과 스러짐이 있는 곳에서조차 생명은 더 큰 힘을 얻기 위해 자신을 제물로 바치고 있기 때문이다. 내가 무엇을 창조하고 사랑하든, 이내 그것의 적이 돼야만 한다. 나의 의지가 그렇게 원하기 때문이다. 깨달음을 얻은 자여, 그대 역시 나의 의지가 걸어가는 작은 길에 불과하다. 진실로, 나의 힘에의 의지는 그대가 진리를 향해 나아가는 그 의지마저도 발판 삼아 나아간다."

16
고귀한 사람은
스스로 행복하다고 느낀다

고귀한 사람은 스스로를 행복한 사람으로 느낀다. 고귀한 사람은 굳이 적과 비교하며 자신의 행복을 꾸며 내거나 억지로 행복하다고 자신을 속일 필요가 없다.

고귀한 자는 힘이 넘친다. 그래서 능동적이다. 행복과 행위가 분리될 수 없음을 안다. 활동한다는 것은 곧 행복을 의미한다.

이는 무력하고 억압받는 자들이 느끼는 행복과는 정반대다. 그들에게 행복이란 본질적으로 마취, 마비, 안정, 평화 같은 수동적인 상태에 불과하다.

고귀한 인간은 자신에 대한 신뢰를 바탕으로 솔직하고 개방적으로 살아간다. 그러나 원한을 품은 인간은 정직하지도, 솔직하지도 않다. 그의 영혼은 언제나 곁눈질을 할 뿐이다.

17
천한 사람은 반동적이고
귀한 사람은 능동적이다

도덕에서의 노예 반란은 원한이 스스로 창조적인 힘이 되어 새로운 가치를 만들 때 시작된다. 이 원한에 찬 창조는 오직 상상 속의 복수를 통해서만 이뤄진다.

고귀한 도덕은 자기 자신에 대한 긍정에서 출발한다. 이와 반대로 노예 도덕은 바깥의 것, 다른 것, 내가 아닌 것을 부정하는 데서 출발한다. 이 부정이야말로 노예 도덕의 유일한 창조 행위다.

즉 귀족 도덕은 자신을 긍정하며 가치를 만들지만, 노예 도덕은 타자를 부정함으로써 자신의 가치를 세운다. 노예 도덕은 활동하기 위해 항상 외부의 대립할 적과 자극을 필요로 한다.

이런 점에서 귀족 도덕이 능동적이라면 노예 도덕은 반동적이다.

18
신념이 같은 사람들과
함께하라

창조하는 자가 찾는 것은 시체나 양 떼, 신도가 아닌 길벗이다.

그는 함께 새로운 가치를 새길 함께 창조하는 자를 찾는다.

그는 홀로 모든 이삭을 거두기에는 낫이 부족하여 안타까워한다.

그는 낡은 선과 악을 파괴하고, 자신의 낫을 갈 줄 아는 경멸자들을 동료로 원한다. 그들이야말로 진정으로 수확하고 축제를 벌이는 자들이기 때문이다.

나는 창조하고 수확하고 축제를 벌이는 사람들과 함께할 것이다.

나는 그 사람들에게 무지개와 초인에 이르는 모든 계단을 보여 줄 것이다.

나는 나의 목표를 향해 나의 길을 가련다. 머뭇거리고 게으른 자들은 뛰어넘을 것이다. 이런 나의 전진이 그들에게는 몰락으로 보이리라.

19
기꺼이 헌신하며
저편으로 건너가는 사람

인간은 동물과 초인 사이를 잇는, 깊은 심연 위에 걸쳐진 하나의 밧줄이다. 건너가는 것도, 뒤돌아보는 것도, 멈춰 서는 것도 모두 위험할 뿐이다.

인간이 위대한 이유는 그가 목적이 아니라 다리라는 점에 있다.

인간이 사랑스러운 이유는 그가 과정이자 몰락이라는 점에 있다.

나는 몰락하는 자로서 살아가는 이들을 사랑한다. 그들이야말로 저편으로 건너가는 자들이기 때문이다. 나는 위대한 경멸자들을 사랑한다. 그들이야말로 저편을 향한 동경의 화살이기 때문이다. 나는 자신의 몰락의 이유를 하늘의 별 너머에서 찾지 않는 자를 사랑한다. 언젠가 이 땅이 초인의 것이 되도록 기꺼이 자신을 대지에 바치는 자를 사랑한다.

20
가장 낮은 등급의 인간과
가장 높은 등급의 인간

인생의 여정을 걷는 인간에게는 다섯 가지 등급이 있다.

가장 낮은 등급은 그저 '보이는' 존재로 여행의 대상이 될 뿐이다.

두 번째 등급은 세상을 '구경하는' 자다.

세 번째 등급은 구경한 것을 '체험하는' 자다.

네 번째 등급은 체험한 것을 자기 것으로 만들어 '몸에 지니고 다니는' 자다.

마지막 최고의 등급은 내면에 쌓인 모든 것을 삶에서 행동과 일로써 남김없이 '발휘하는' 자다.

가장 낮은 등급의 인간은 완전히 수동적인 삶을 살고, 가장 높은 등급의 인간은 자신의 내면을 남김없이 행동으로 증명하며 살아간다.

강용수의 철학 에세이
누구나 철학자가 된다

문사철을 비롯한 인문학의 위기는 거론된 지가 오래다. '철학을 공부해 과연 먹고살 수 있을까?' 하는 회의도 생기고는 했다. 취업에 불리한 순수 학문이라는 이유로 철학 전공을 기피하는 경향도 짙다. 미국 대학에서는 철학이 교양 과목으로 자리 잡았지만, 국내에서 철학을 공부하는 일은 큰 모험에 가깝다. 구조 조정으로 전국 대학의 철학과가 사라져 간 것도 어쩔 수 없는 일처럼 받아들여졌다.

그러나 위기는 곧 기회이기도 하다. 오히려 철학의 가치가 더욱 주목받는 시대가 오고 있다. 철학을 대학의 상아탑 안에 가두지 말고 대중과 소통하는 기회를 넓혀야 한다. 일반인의 철학에 대한 갈증은 여전히 크다. 따라서 철학의 문턱을 낮춰야 한다. 오늘날 많은 사람이 삶의 무의미에 빠져 무기력해지고, 심지어 자살 충동까지 겪는 위기를 맞고 있다. 철학은 이러한 고통을 덜어 주고 삶에 위로가 될 수 있다.

내가 강연을 하면서 가장 인상 깊었던 만남은 80대 독자였다. 그는 "쇼펜하우어를 40년 전에 미리 알았다면 얼마나 좋았을까"라며 아쉬

움과 반가움을 함께 전했다. 사실 많은 사람은 이미 인생 경험을 통해 깨달았던 지혜를 철학자의 사유를 빌려 다시 확인했을 뿐이다. 마흔이 넘으면 누구나 어느 정도 철학자의 지혜에 이른다. 위대한 것은 쇼펜하우어만이 아니라 내가 이미 그의 사유와 맞닿아 있었다는 사실을 깨닫는 일이다.

  훌륭한 철학자의 사상에 공감한다는 것은, 곧 내가 이미 그와 어깨를 나란히 할 수 있는 정신적 높이를 지녔음을 뜻한다. 그래서 나는 철학자로서 여전히 할 일이 많다고 생각한다. 대학에서 강의를 하고 전문 논문을 쓰는 것 못지않게 대중에게 더 친근하게 다가갈 수 있는 철학책을 쓰고 소개하는 일이 필요하다. 철학은 천재 몇몇의 특권이 아니다. "나도 이미 철학자였구나"라는 자각을 돕는 일, 그것이 더 큰 의미를 갖는다. 철학자의 지혜를 제대로 발휘할 수 있다면, 누구나 자기 안에서 진정한 행복을 발견할 수 있을 것이다.

21
너무나 사랑하면
다른 모든 것을 희생한다

인간은 자신을 나눈다. 훌륭한 작가는 누군가 자신의 작업을 파괴할 만큼 더 나은 진실을 보여 주길 바라고, 사랑에 빠진 소녀는 연인의 부정을 통해 자신의 헌신을 증명하길 원하며, 군인은 조국의 승리를 위해 기꺼이 자신을 희생한다. 어머니는 자신의 건강과 재산마저 자식에게 내준다.

도덕의 영역에서 인간은 나눌 수 없는 개체가 아니라 기꺼이 자신을 나누고 일부를 희생하는 분할 가능한 존재로서 행동한다.

이 모든 행위는 비이기적인 기적일까? 그렇지 않다. 이는 자신의 사상, 욕망, 작품, 자식을 다른 것보다 더 사랑한 결과일 뿐이다.

이 모든 행위의 밑바닥에는 어떤 것에 대한 강렬한 애착이 존재한다. 어떤 것을 너무나 사랑한 나머지 다른 모든 것을 희생하는 것이다. 그러므로 애착을 갖는 한 그 어떤 행위도 진정으로 비이기적일 수는 없다.

22
친구가 있는 사람은
고립되지 않는다

은둔자는 생각한다.

"내 곁에는 언제나 또 다른 내가 있다. 언제나 하나에 하나를 곱하는 것이지만, 그것도 시간이 흐르면 둘이 되고 만다. 나와 나의 대화는 너무나 열성적이다. 만약 친구가 한 명도 없다면 이 고독을 어찌 견딜까?"

은둔자에게 친구란 언제나 제삼의 존재다. 이 제삼의 존재는 나와 또 다른 나 두 사람의 대화가 깊은 심연으로 가라앉지 않도록 막아 주는 코르크와 같다.

우리가 타인에게서 믿고자 하는 것은 사실 우리 자신에게서 믿고 싶은 어떤 것이다. 친구를 향한 우리의 동경은 결국 우리 자신을 드러내는 고백이다.

23
관심받고 싶은 마음은
우월감을 느끼고 싶어서다

불행한 사람이 자신의 고통을 호소하는 것은 위안을 얻기 위함이지만, 그 동정심은 결국 영혼의 힘을 약화한다. 타인의 동정을 통해 지지를 얻으려는 욕심은 어리석음과 지적 결함, 불행이 낳은 일종의 정신적 결핍일 뿐이다.

그것은 큰소리로 울며 관심을 끌려는 어린아이의 행동과 다르지 않다. 아이들을 보라. 울고 소리치며 자신들의 상태가 눈에 띄기를 기다린다. 우울한 사람 또한 아픔을 호소하며 불행을 과시한다. 그가 믿는 것은 약자도 강자를 괴롭힐 수 있다는 착각이다.

타인의 관심을 끄는 데 성공한 그는 마치 자신이 세상에서 중요한 존재라도 된 듯한 우월감에 빠진다. 결국 동정에 대한 열망이란 자기만족을 위한 이기적인 욕망이며, 타인의 희생을 전제로 하는 이기적인 나르시시즘일 뿐이다.

24
방어하지 말고 경쟁하라

적을 두되 증오할 가치가 있는 적만 두라. 경멸스러운 적은 두지 말라. 그대는 적을 자랑스러워해야 한다. 그래야만 적의 성공이 곧 그대들의 성공이 될 수 있다.

반항은 노예의 미덕이다. 그대들의 미덕은 복종이어야 한다. 그리고 그대들이 내리는 명령조차 하나의 복종이어야 한다.

위대한 전사에게는 '너는 해야만 한다'는 강요보다 '나는 하고자 한다'는 의지가 더 어울린다. 그러니 그대가 사랑하는 모든 것을 먼저 명령으로 받아들여라.

그대의 삶에 대한 사랑이 가장 위대한 희망을 향한 사랑이 되도록 하라. 그리고 그 위대한 희망이 곧 삶의 가장 높은 생각이 되도록 하라.

25
존경할 만한 적을 두라

이 세상에 적에 대한 진정한 사랑이 존재한다면, 그것은 오직 고귀한 인간에게서만 찾아볼 수 있을 것이다. 그는 자신의 적에게조차 얼마나 큰 경외심을 품고 있는가! 그 경외심이야말로 사랑으로 향하는 다리다.

고귀한 인간은 자기 자신을 증명하기 위해 적을 필요로 한다. 경멸할 구석이 하나도 없는 존경할 만한 강한 적이 아니면 견디지 못한다.

이와 반대로 원한에 사로잡힌 인간이 상상하는 적을 보라. 그의 창조물이란 고작 '나쁜 적', '악한 자'를 만들어 내는 것뿐이다. '악한 자'라는 개념을 만들어낸 뒤 그 반대 개념으로서 '선한 자'를 만들어 낸다. 그 선한 인간이란 결국 자기 자신이다.

26
사랑을
시험하라

평생을 함께한다는 것은 실로 엄청난 일이다. 그러니 먼저 어떻게 사랑하는지를 배우라. 그리고 서로가 서로에게 적합한지 시험해 볼 시간이 필요하다.

그대는 그런 상대를 너 자신을 뛰어넘어 사랑해야 할 것이다.

27
함께 기뻐할 줄 아는 것은
지적 능력이다

우리를 무는 뱀은 우리에게 고통을 줬다는 생각에 기뻐한다. 이처럼 가장 하찮은 동물조차 타인의 고통을 상상할 줄 안다.

타인의 기쁨을 상상하고, 나아가 그 기쁨을 함께 기뻐하는 것은 가장 고귀한 존재에게만 허락된 최고의 특권이다.

이는 오직 가장 특별한 사람들만이 지닌 능력이며, 이것이야말로 진정으로 희귀한 인간성이다.

28
훌륭한 인간에게
훌륭한 문체가 나온다

문체에 대한 가르침이란, 독자에게 온갖 감정을 전달하는 표현법을 가르치는 것이다. 더 나아가, 인간이 가질 수 있는 가장 바람직한 감정을 표현하는 법을 가르치는 것이다.

즉 좋은 문체란 열정을 극복한 인간, 진심으로 감동하며 정신적으로 즐겁고 솔직한 인간의 내면을 표현하는 기술을 의미한다.

바로 이런 인간의 내면을 가장 잘 표현하고 전달하는 법을 가르쳐야 한다.

좋은 문체는 좋은 인간에게서 나오기 때문이다.

29
감정을 전달하라

모든 문체의 본질은 어떤 상태를 전달하는 데 있다. 내면의 긴장된 감정을 기호와 그 속도를 통해 드러내는 것이다. 나의 내면 상태는 매우 다양하기 때문에 나에게는 수많은 문체의 가능성이 존재한다.

내면의 상태를 정확히 전달하는 문체는 모두 훌륭하다. '훌륭한 문체 그 자체'라는 것은 '아름다움 그 자체'와 같은 순진한 이상주의에 불과하다.

30
읽는 이를 선택하라

글을 쓸 때, 우리는 이해받기를 원하지만 동시에 이해받지 않기를 원하기도 한다. 누군가 어떤 책을 이해하지 못했다고 해서 반드시 그 책에 문제가 있는 것은 아니다. 어쩌면 그것이 바로 저자의 의도였을지 모른다.

고귀한 정신을 지닌 글쓴이는 자신의 독자를 직접 선택한다. 독자를 선택함으로써 동시에 '다른 모든 사람'에게는 문을 닫아 버린다. 문체의 정교한 법칙들은 모두 여기서 비롯된다. 그것은 누군가에게는 거리를 두어 이해를 막고, 우리와 닮은 이에게는 기꺼이 문을 열어 주는 장치다.

강용수의 철학 에세이
고독한 시간만큼 영혼이 자란다

어릴 때는 두려웠던 혼자만의 시간이 나이가 들수록 점차 익숙해진다. 생존을 위해 부모의 도움이 반드시 필요한 시기가 지나면 누구나 스스로 살아갈 힘을 갖게 된다. 홀로 설 수 있을 때 비로소 진정한 어른이 된다.

쇼펜하우어는 혼자 있을 때 비로소 자신과 하나가 된다고 했다. 왜 인생에는 내 마음을 온전히 알아주는 사람이 없을까? 인간관계는 고슴도치의 가시처럼 가까워질수록 서로에게 상처를 줄 위험이 커진다. 타인과 나는 결코 완전히 하나가 될 수 없다. 이 세상에서 나의 모든 것, 심지어 비밀까지 털어놓을 수 있는 대상은 오직 나 자신뿐이다. 싫든 좋든, 나는 태어나 죽을 때까지 단 한순간도 나 자신에게서 떨어질 수 없는 존재다. 결국 고독은 운명이다.

고독에는 두 가지 얼굴이 있다. 인간관계에 환멸을 느껴 억지로 혼자 지내는 비자발적 고독은 부정적이다. 그러나 홀로 산책하며 자신을 성찰하고, 내가 어떤 사람인지 알아가는 자발적 고독은 긍정적이다.

니체의 차라투스트라는 제자들에게 스승에게 의존하지 말고 각자 홀로 자기 길을 찾으라고 명령한다. 고독은 마치 홀로 자라야 하는 나무의 운명과 같다. 나무가 높이 자라기 위해서는 스스로 뿌리를 깊게 내려야 한다. 누가 대신해 줄 수 없다. 꿋꿋한 힘과 의지로 뿌리를 단단히 내려야만 나무는 높이 성장한다. 나무가 하늘로 더 높이 뻗어 갈수록 고독 또한 깊어진다.

고독을 두려워해서는 안 된다. 비와 바람을 견뎌야 나무가 자라듯, 고독을 감내해야 영혼이 자란다. 지금 깊은 고독을 느낀다면 그만큼 내 영혼의 나무가 높아지고 있다는 뜻이다. 고독은 곧 영혼의 높이를 드러낸다.

31
피로
써라

나는 모든 글 가운데 피로 쓴 것만을 사랑한다.
글을 쓰려거든 피로 써라. 그럼 피가 곧 정신임을 알게 되리라.
타인의 정신을 이해하는 것은 결코 쉽지 않다. 나는 그래서 게으르게 책이나 읽는 자들을 증오한다.
피와 잠언으로 글을 쓰는 사람은 그저 읽히기만을 바라지 않는다. 암송되기를 원한다.

32
글을 쓰는
열 가지 원칙

첫째, 문체는 살아 있어야 한다. 생명력이야말로 가장 중요하다.

둘째, 내가 말하고자 하는 독자에게 적합해야 한다.

셋째, 글쓰기는 명확한 생각의 모방이다.

넷째, 살아 있는 말을 흉내 내라. 그래야 창백함을 면할 수 있다.

다섯째, 모든 문장 요소에서 생의 풍요로움을 드러내라. 문장의 길이, 구두점, 단어 선택, 쉼표, 논증의 순서 등 모든 것에서.

여섯째, 마침표를 신중히 다루라. 대부분의 마침표는 허세다.

일곱째, 문체는 자신의 생각을 믿고 있음을 증명해야 한다. 그가 단지 생각만 하는 것이 아니라 느끼고 있음을 보여 줘야 한다.

여덟째, 추상일수록 독자가 감각적으로 느낄 수 있도록 유도하라.

아홉째, 훌륭한 산문은 시에 가까이 다가가되 결코 시가 되지는 않는다. 시적인 감수성 없이는 이 절묘한 균형을 이룰 수 없다.

열째, 독자의 몫을 남겨 두라. 반론의 여지를 모두 막아 버리는 것은 무례하고 어리석다.

33
좋은 문장을 만나면
축제를 벌여라

우리는 작가에게 우리 자신의 감정, 경험, 색채를 선물한다. 작가가 우리에게 좋은 것을 줬을 때 우리 독자 역시 이런 선물을 통해 그의 책을 더욱 풍요롭게 만드는 것이다.

만약 그대가 어떤 작가에게서 내용이 꽉 찬 간결함과 원숙한 안정감을 발견한다면 그 자리에 멈춰 서서 오랜 축제를 벌여라.

그처럼 온전한 행복은 살면서 두 번 다시 맛보기 어려울 테니 말이다.

34
말하듯이 써라

글쓰기 기술이란, 말이 가진 모든 표현 수단, 즉 몸짓, 억양, 눈길 등을 대체하는 기술이어야 한다. 이 때문에 좋은 문체는 좋은 화술과는 전혀 다르며 훨씬 더 얻기 어렵다.

문체는 훨씬 적은 수단만으로 화술과 동등한 수준의 감동을 전달해야만 한다. 그리고 남이 읽을 수 있도록 다시 손질해야 한다.

35
품위를 지키며
절제하라

언어를 억지로 개혁하거나 낡은 말을 즐겨 쓰거나 진기하고 이국적인 표현을 선호하는 것, 이 모든 것은 취향이 미숙하거나 변질했다는 증거다.

진정한 대가는 '고귀한 청빈'을 추구한다. 그리스 예술가들처럼 그들은 대중보다 더 적게 소유하려 하지만, 그 적은 소유물을 훨씬 더 훌륭하게 다룬다.

그들이 사용하는 낡거나 이국적인 표현은 손에 꼽을 정도로 적다. 오히려 감탄해야 할 것은 가장 평범하고 낡아빠진 일상의 언어를 다루는 그들의 섬세하고 경쾌한 솜씨다.

36
좋은 책은
시간이 흘러야 진가를 알 수 있다

모든 좋은 책은 세상에 처음 나왔을 때 떫은맛을 낸다. 좋은 책은 새롭다는 것이 결점이기 때문이다. 특히 저자가 살아 있고 유명하다면 사람들은 책과 저자를 혼동하여 책의 가치를 제대로 보지 못한다.

책에 담긴 진정한 정신과 감미로움, 그 찬란한 빛은 오랜 세월이 흘러야만 비로소 드러난다. 여러 세대가 지나고 책 위에 수많은 거미줄이 쳐질 때쯤에야 말이다.

좋은 독자는 책을 더 좋게 만들고, 좋은 적수는 책을 더 맑게 정화시킨다.

37
읽은 책은
시간이 흘러야 가치를 알 수 있다

어떤 이는 말한다.

"이 책은 해롭다."

그러나 그는 단지 기다릴 뿐이다. 언젠가 그 책이 자신의 숨겨진 마음의 병을 들춰냄으로써 오히려 자신에게 큰 도움이 됐음을 고백하게 될지도 모르기 때문이다.

견해가 바뀐다고 해서 한 사람의 본질이 바뀌는 것은 아니다.

다만 바뀐 견해는 그의 인격이라는 밤하늘에 새로운 빛을 비춰 줄 뿐이다.

그리하여 이전에는 다른 별자리에 가려져 보이지 않았던 그의 또 다른 모습들이 비로소 그 빛 속에서 드러나게 된다.

38
부자가 될 자격을 갖춰라

정신을 갖춘 사람만이 재산을 가질 자격이 있다. 그렇지 않으면 그 재산은 공공의 위험이 될 뿐이다. 여가 시간을 어떻게 써야 할지 모르는 소유자는 결국 끝없는 소유욕의 노예가 되기 때문이다. 정신이 풍요로운 사람에게 적당한 재산은 진정한 부가 된다. 하지만 정신이 가난한 자에게 부는 그저 교양과 예술의 가면을 사는 데 쓰일 뿐이다. 그는 가면을 통해 자신의 비천한 본질을 숨기려 한다.

가난하고 교양 없는 사람은 이 가면을 진실로 착각하고 부러워하며, 점차 사회에 대한 불만을 키운다. 화려하게 포장된 천박함이 그들에게 '중요한 건 돈밖에 없다'는 생각을 심어 주기 때문이다. 물론 돈은 어느 정도 중요하다. 그러나 정신은 그보다 훨씬 더 중요하다.

39
목적을 이루려면
건강해야 한다

우리에게는 새로운 목적이 필요하다. 이를 위해서는 이전과 비교할 수 없이 강인하고 대담하며 유쾌한 위대한 건강이 필요하다.
예술가처럼, 성자처럼, 현자처럼 살아가려는 영혼은 온갖 가치와 이상을 발견하고 정복하려는 모험에 기꺼이 자신을 던진다. 그에게 필요한 것은 한번 얻으면 끝나는 단순한 건강이 아니라 끊임없이 잃고 또다시 되찾아야 하는 역동적인 건강이다. 우리는 오랜 항해 끝에 미지의 땅에 닿은 아르고호의 뱃사람과 같다. 현명하기보다는 용감했고 때로는 난파했지만, 그 모든 시련을 겪고 더 강해졌다.
이 위험할 정도로 건강한 상태, 이것이 바로 위대한 건강이다.

40
탁월한 사람과
탁월하지 않은 사람의 마음

명예를 얻으려는 마음이란, 스스로 탁월해지는 것과 남들에게도 그렇게 보이는 것을 모두 원하는 것이다.

만약 스스로 탁월하지 않으면서 남들에게 그렇게 보이길 원한다면 그것은 허영심이다.

반대로 스스로 탁월하면서도 남들에게 그렇게 보이길 원하지 않는다면 그것은 자만심이다.

허영심에 찬 사람은 진정으로 탁월해지기를 원하지 않는다. 그는 그저 스스로 탁월하다고 느끼기를 원할 뿐이다. 그렇기에 그는 자기기만과 온갖 잔꾀를 동원하는 것을 주저하지 않는다. 결국 그에게 중요한 것은 타인의 실제 평가가 아니라 그 평가에 대한 자기 자신의 생각일 뿐이다.

강용수의 철학 에세이
죽음을 두려워하지 않게 될 때

항해에 비유한다면, 인생은 온갖 암초를 피하고 폭풍을 견디며 위기를 넘긴다 해도 마지막에는 침몰할 수밖에 없는 배와 같다. 우리의 끝에는 언제나 죽음이 기다리고 있다. 내가 한낱 우주의 먼지로 사라진다면 지금까지의 삶이 꿈처럼 허무하게 느껴진다. 어떤 사람은 이 무의미함을 견디지 못해 스스로 삶을 마무리한다. 또 어떤 사람은 오래 살아 생로병사의 고통을 끝까지 경험한다.

니체는 적당한 때에 죽는 것이 가장 행복하다고 말했다. 우리는 언제 죽어야 할까? 아이는 모든 것이 사라지는 어둠을 두려워하지만, 어른은 그렇지 않다. 죽는다는 사실은 바뀌지 않지만, 죽음을 대하는 생각은 바뀔 수 있다. 인생이 무르익어 세상을 보는 눈이 달라지면 죽음에 대한 불안과 삶의 허무도 극복할 수 있다.

누구나 살기가 너무 힘들 때 "차라리 태어나지 않았더라면…" 하고 후회한다. 그러나 쇼펜하우어와 니체는 삶 자체를 부정하는 염세주의를 넘어 "태어나길 잘했다"라는 사고의 전환을 시도했다. 쇼펜하우어는 자살과 인간 혐오를 말했지만, 실제로는 장수를 누리며 명예와 부,

성공을 맛봤다. 니체는 "이것이 인생이던가? 다시 한 번!"이라는 운명애를 통해 삶의 긍정을 강조했다. 여기서 긍정은 좋은 순간만 고르는 것이 아니라 모든 고통마저 다시 반복하기를 원하는 강한 용기를 뜻한다. 힘겨웠던 순간도 나의 인생의 일부이기 때문이다. 기쁨뿐 아니라 고통도 살아 있는 동안 우리가 누리는 행복을 이룬다. 인생은 더하거나 덜할 수 없는, 온전히 받아들여야 할 전체다.

죽음을 운명으로 받아들일 줄 아는 사람은 죽음을 두려워하지 않는다. 이 우주에서 인간으로 태어나 수많은 것을 경험할 수 있었던 것 자체가 생명의 선물이다. 내가 살아왔고 지금 살아 있다는 사실만으로도 감사해야 한다.

또한 인생의 허무를 넘어설 길은 '내가 다시 태어나도 반복하고 싶은 것'을 찾는 것이다. 우주적 관점에서 보면 인간은 작은 점에 불과하다. 그러나 외부에 휘둘리지 않고 이 우주에서 유일한 존재로서 나만의 가치를 빛내는 것, 그것이 삶을 긍정하는 길이다.

41
춤추는 별 하나를 잉태하려면
내면에 혼돈을 품어야 한다

이제 스스로 자신의 목표를 세워야 할 때다. 자신의 가장 위대한 희망의 싹을 틔워야 할 때다. 아직은 땅이 충분히 비옥하지만, 언젠가 이 땅도 메마르고 척박해져 더 이상 위대한 나무를 키워 내지 못할 것이다.

슬프도다! 인간이 더 이상 자신을 뛰어넘으려는 동경의 화살을 쏘지 못하고, 활시위를 당기는 법마저 잊어버리는 시대가 오고야 말 것이다.

그대에게 이르노니, 춤추는 별 하나를 탄생시키기 위해서는 반드시 내면에 혼돈을 품어야 한다. 그대 내면에는 아직 그 혼돈이 남아 있다.

42
밤에 잠을 잘 자려면
낮에 덕을 쌓아라

잠 앞에서 겸허하라. 그것이 삶에서 가장 중요한 일이다.

밤새우는 사람들과 어울리지 마라. 도둑도 잠 앞에서는 발소리를 죽인다. 잠을 잘 잔다는 것은 하찮은 기술이 아니다. 한밤을 위해 온종일 눈뜨고 있어야 하기 때문이다.

낮 동안 열 번 자신을 극복하라. 그 고된 피로가 영혼의 양귀비가 되어 단잠을 선물할 것이다.

낮 동안 열 번 자신과 화해하라. 극복은 쓰라린 일이며, 화해하지 못한 사람은 밤새 뒤척일 뿐이다.

낮 동안 열 가지 진리를 찾아라. 그렇지 않으면 굶주린 영혼이 밤에도 진리를 찾아 헤맬 것이다.

낮 동안 열 번 웃고 열 번 즐거워하라. 그렇지 않으면 밤에 위장이 너를 괴롭혀 온갖 슬픔을 불러올 것이다.

이처럼 단잠을 이루기 위해서는 온갖 덕이 필요하다. 그러나 이 사실을 아는 사람은 드물다.

43
시행착오와 시간 낭비는 결코 헛된 것이 아니다

사람은 어떻게 자기 자신의 모습이 되는가?
이 질문에 답하기 위해 우리는 하나의 역설과 마주해야 한다.
비범한 운명을 지닌 사람에게 가장 큰 위험은 자신의 과업을 너무 일찍 알아차리는 것이다.
사람은 본래 자신이 무엇인지 희미하게조차 알지 못한 채 자신의 길을 간다. 그래서 인생의 모든 시행착오와 잘못 든 길, 주저함 같은 실수, 겸손함, 심지어 사소한 일에 진지함을 낭비하는 것조차 그 나름의 의미와 가치를 지닌다. 때로는 최고의 지혜가 바로 이런 길 위에서 표현된다.
우리 존재의 깊은 곳에서 이 본능이 조용히 모든 것을 지배한다. 이 본능은 의식적인 목표나 의미를 알려 주기 전에 그 과업에 필요한 모든 능력을 먼저 차례로 형성하고 준비시키는 것이다.

44
오늘 웃는 자가
마지막에도 웃을 것이다

오직 춤출 줄 아는 신만을 믿어라.

그러나 나를 억누르는 악마는 엄숙하고 심각하고 심오하며 당당하다. 모든 것을 나락으로 끌어내리는 중력의 악령이다.

우리는 분노가 아닌 웃음으로 그를 죽여야 한다.

자, 이 중력의 악령을 웃음으로 죽여 없애자! 나는 걷는 법을 배웠고, 이내 달렸으며, 마침내 나는 법을 배웠다. 이제 나는 가벼워진다. 하늘을 날며 나 자신을 내려다본다.

비로소 신이 내 안에서 춤을 추고 있구나.

오늘 가장 잘 웃는 자가 최후에도 웃을 것이다. 나는 이 웃음의 왕관, 이 장미 화환을 그대에게 던지노라. 웃음은 신성하다. 그러니 그대, 더 높은 인간이여, 나에게 웃음을 배우라!

45
분별 있는 인간이 되라

나는 내 운명을 안다. 언젠가 내 이름은 인류 역사상 전례 없는 위기, 즉 지금까지 신성시됐던 모든 것에 저항했던 엄청난 결단의 기억과 함께 기록될 것이다.

나는 인간이 아니라 다이너마이트다. 그러나 내 안에는 종교 창시자와 같은 속성은 조금도 없다. 나는 신자를 원치 않으며, 나 자신을 믿기에는 스스로가 너무 악의적이다. 내가 언젠가 성인으로 불릴까 봐 두려울 정도다. 나는 성인이 되기보다 차라리 어릿광대가 되고 싶다.

그럼에도 진실은 나를 통해 말한다. 지금까지 거짓이 진리라 불려왔기에 나의 진실은 끔찍하게 들릴 수밖에 없다.

모든 가치의 전도. 이것이 바로 나의 정체성이자 내 운명이다.

나는 수천 년간의 거짓에 맞서는 최초의 분별 있는 인간으로 기록될 것이다.

46
약속할 수 있는 인간이 되라

약속할 수 있는 동물이 되라. 이것이야말로 자연이 인간에게 부여한 역설적 과제다. 망각이라는 강력한 힘을 생각하면 이 과업의 성공은 더욱 놀라운 일이다.

망각은 단순한 게으름이 아니다. 오히려 정신의 소화를 돕는 적극적인 억제 능력이다. 이 건강한 망각 덕분에 우리는 모든 경험을 무의식적으로 동화하며 살아갈 수 있다.

인간은 약속을 해야 할 때 이 망각을 의지적으로 몰아낼 수 있는 기억이라는 반대의 능력을 길러 냈다. 이 기억이란, 한번 의욕한 것을 계속해서 의욕하려는 '의지의 기억'이다.

약속하는 인간은 스스로의 미래를 보증한다. 그러려면 인간은 먼저 자기 자신도 예측할 수 있고 규칙적이며 필연적인 존재가 되어야 한다.

47
되는 대로 살지 말고
생각하는 대로 살라

스스로를 엄격하고 고귀하게 다루는 것만큼 사람들을 근본적으로 갈라놓는 것도 없다. 세상 사람들처럼 그저 되는 대로 살아간다면 세상은 너를 환호하며 호의적으로 맞이할 것이다.

위대한 목표를 이루기 위해서는 이 시대와는 다른 종류의 정신이 필요하다. 전쟁과 승리로 단련되고, 정복과 위험, 심지어 고통까지도 기꺼이 감수하는 그런 정신 말이다.

이 정신은 날카로운 산 정상의 바람과 겨울의 추위에 익숙해져야만 한다. 심지어 심지어 숭고한 악의조차 필요하다.

48
조용히 하라,
작은 것에 행복이 있다

오, 행복이여! 나의 영혼이여, 노래하고 싶은가?

뜨거운 정오가 초원 위에서 잠들어 있으니, 노래하지 마라. 조용히 하라. 세계는 완전하다.

일찍이 행복해지는 데는 아주 작은 것만으로도 충분하다고 말하며 스스로 영리하다고 생각한 적이 있다. 그러나 그때 오만했음을 이제야 깨달았다. 영리한 바보일수록 말은 더 잘하는 법이다.

가장 작은 것, 가장 조용한 것, 가장 가벼운 것, 도마뱀의 바스락거림, 한 번의 숨결, 찰나의 눈짓. 이처럼 지극히 작은 것이야말로 최상의 행복을 만든다.

 그러니 조용히 하라. 무슨 일이 일어났는지 귀 기울여 보라.

49
영원 회귀를 가르치는
스승으로부터

모든 것이, 그리고 우리 자신이 영원히 되돌아온다는 것.

우리가 이미 무한히 반복하여 존재해 왔다는 것.

생성의 거대한 해는 모래시계처럼 끝없이 뒤집혀 가장 큰 것부터 가장 작은 것까지 모든 것을 똑같이 반복시킨다는 것.

그대가 지금 죽는다면 그대가 스스로에게 뭐라 말할지 안다.

그대는 떨지 않고, 오히려 행복에 겨워 안도의 한숨을 내쉬며 말할 것이다.

그 모든 무거움과 숨 막힘이 그대를 떠났노라고.

50
네 운명을 사랑하라

네 운명을 사랑하라.

이것이 지금부터 나의 사랑이 될 것이다.

나는 추한 것과 싸우지 않겠다.

나는 누구도 비난하지 않겠다.

나를 비난하는 자조차 비난하지 않겠다.

그저 눈길을 돌리는 것, 이것이 나의 유일한 부정이 될 것이다.

무엇보다 나는 언젠가 긍정하는 자가 될 것이다.

강용수의 철학 에세이
행복은 다가올 미래에 대한 희망이다

동물과 인간의 차이는 무엇일까? 동물은 현재만을 살기 때문에 행복하다. 그러나 인간은 과거와 현재, 미래를 함께 고려하기 때문에 불행하다. 우리는 현재만을 온전히 즐길 수 없다. 지나간 시간을 반성하고 다가올 미래를 준비하는 존재이기 때문이다. 미래는 희망이면서 동시에 불안이다. 무한히 열려 있는 가능성 앞에서 인간은 아직 완성되지 않은 존재, 곧 '가능 존재'다. 따라서 아직 진행 중인 인생을 함부로 예단해서는 안 된다.

미래는 확정된 것이 없다. 인간은 늘 가능 존재로서 완성을 향해 나아가고 있다. 지나친 희망도, 지나친 불안도 내려놓고 현재를 직시할 수 있어야 한다. 우리의 삶이 온전히 평가되는 순간은 전체가 드러날 때다. 죽음에 이르러서야 삶의 의미가 완결되고 비로소 완성된다. 그때까지 인생의 게임은 끝나도 끝난 것이 아니다. 야구 경기 9회 말에 반전이 있듯, 언제든 새로운 국면이 열릴 수 있다. 그러니 두려움 없이 모험하고, 위험을 감수하며 시도해야 한다. 지레 겁먹을 필요는 없다. 뜻밖의 행운이 찾아올 수도 있다.

니체와 쇼펜하우어는 행복의 핵심을 자기 인식에서 찾았다. 언젠가 얻게 되는 통찰은 욕망과 능력의 일치다. 내가 원하는 것과 내가 할 수 있는 것이 맞아떨어지는 지점을 알기까지는 오랜 시간이 걸린다. 처음부터 그런 통찰을 얻을 수 있다면 얼마나 좋을까! 그러나 인생의 항해에서 필요한 지혜는 대개 삶의 끝 무렵에서야 주어진다. 수많은 시행착오와 실패를 겪은 후에야 비로소 '나는 누구인가'를 알게 된다. 불안과 절망이라는 흐린 날을 견뎌 내면 언젠가 그 뒤에 드러나는 푸른 하늘을 볼 수 있다. 삶을 쉽게 포기하지 않는 것, 그것이 가장 중요하다.

용기를 가져라. 행복은 다가올 미래에 대한 희망이다.

저자·편역자 소개

지은이
아르투어 쇼펜하우어 Arthur Schopenhauer

독일의 철학자이자 사상가. 서양 철학계의 상징적 인물이며 근대 실존 철학에 지대한 영향을 끼쳤다. 흔히 염세주의자로 알려져 있지만, 인간과 삶의 면면을 탐구한 현실주의 사상가이자 서양 철학과 동양 철학의 유사성을 연구한 최초의 서양 철학자다.

1788년 유럽의 항구 도시 단치히에서 태어났다. 아버지는 상인이었고, 어머니는 소설가였다. 그는 부유한 환경에서 자랐다. 아버지의 뜻에 따라 한동안 상인 교육을 받았으나 아버지의 급작스러운 죽음을 계기로 학자의 길을 택하고 김나지움에 입학했다. 괴팅겐대학교에서 한 학기 동안 의학을 공부하다가 베를린대학교로 옮겨 강의를 들었고, 이후 예나대학교에서 박사 학위를 받은 뒤 베를린대학교에서 교편을 잡았다. 그는 헤겔과 피히테 등을 비판하며 철학계를 떠나 은둔 생활을 했으나 중년 이후 저서가 알려지면서 명성을 얻어 노년에 이르기까지 철학자로서 큰 영향력을 발휘했다.

쇼펜하우어의 사상은 철학, 심리학, 과학, 문학, 음악, 법, 정치 등 전 분야에 깊은 영향을 끼쳤다. 그의 영향력은 시대를 초월한다. 니체와 키르케고르, 찰스 다윈과 아인슈타인, 프로이트와 융, 헤르만 헤세와 프란츠 카프카, 톨스토이 등 수많은 사상가와 예술가가 그의 사상에서 영감을 얻었다. 오늘날에도 그는 여전히 현실적인 조언을 건네는 삶의 멘토로 우리 곁에 살아 있다. 대표적인 논문으로 〈충분근거율의 네 가지 뿌리에 대하여〉, 왕립 노르웨이 학회에서 상을 받은 〈인간 의지의 자유에 대하여〉가 있으며, 주요 저서로 《의지와 표상으로서의 세계》, 《소품과 부록》, 《자연에서의 의지에 관하여》 등이 있다.

프리드리히 니체 Friedrich Nietzsche

독일의 철학자이자 사상가. 19세기 서양 철학을 대표하는 인물로 실존주의, 해체주의, 현대 심리학과 문학에 지대한 영향을 끼쳤다. 흔히 "신은 죽었다"라는 선언으로 알려져 있지만, 그는 단순한 허무주의자가 아니라 삶을 긍정하고 인간 존재의 새로운 가능성을 모색한 사상가였다. 오늘날 기존 질서를 넘어 자기 삶을 스스로 창조하고자 하는 사람들에게 가장 도전적이고 매혹적인 철학자로 살아 있다.

1844년 독일 작센주 뢰켄에서 태어났다. 아버지는 루터교 목사였으나 그가 다섯 살 되던 해에 사망했고, 2년 뒤에는 남동생도 사망하여 니체는 어머니와 여동생과 살았다. 명문 학교인 포르타 김나지움에 진학해 고전어와 문학에 두각을 나타냈으며, 본대학교와 라이프치히대학교에서 신학과 고전문헌학을 공부했다. 스물네 살에 바젤대학교 고전문헌학 교수가 됐으나 건강 악화로 교수직을 사임한 뒤 유럽 여러 도시를 전전하며 집필에 몰두했다. 말년에는 정신 질환으로 요양 생활을 하다가 1900년 바이마르에서 생을 마쳤다.
니체의 사상은 철학, 문학, 심리학, 예술, 정치 등 다양한 분야에 깊은 흔적을 남겼다. 그는 기존 도덕과 가치를 전복하고, 인간이 스스로 새로운 가치를 창조해야 한다는 '초인(Übermensch)' 사상과 '영원 회귀', '힘에의 의지' 개념을 제시했다. 그의 사유는 키르케고르와 하이데거, 프로이트와 융, 카프카와 토마스 만, 미셸 푸코와 자크 데리다 등 수많은 철학자와 예술가, 사상가에게 큰 영감을 줬다.
주요 저서로 《비극의 탄생》, 《차라투스트라는 이렇게 말했다》, 《선악의 저편》, 《도덕의 계보》, 《우상의 황혼》 등이 있다.

편역
강용수

고려대학교 철학연구소 연구원으로, 동 대학교에서 강의를 맡고 있다. 고려대학교 학부와 대학원에서 서양 철학을 전공해 석사 학위를 받고, 독일 뷔르츠부르크대학교에서 박사 학위를 취득했다.
학창 시절에 아르투어 쇼펜하우어의 《삶과 죽음의 번뇌》를 감명 깊게 읽고 철학의 길로 들어섰고, 니체가 인생의 허무를 넘어서는 방법을 모색했듯이 같은 주제를 평생의 과제로 삼게 됐다. 이후 연구와 강의를 통해 쇼펜하우어와 니체 철학을 바탕으로 자기 긍정과 행복에 이르는 길을 전하고 있다.
2002년 박사 논문 〈Nietzsches Kulturphilosophie〉가 세계적인 학술지 니체 스튜디엔에서 "거대한 과제"라는 평가를 받으며 동양인으로는 유일하게 소개됐다. 2014년 〈쇼펜하우어의 행복론〉에서 전통적으로 염세주의적으로 해석되던 쇼펜하우어 철학을 벗어나 행복과 욕망의 관계 속에서 진정한 행복에 이르는 길을 제시했다. 2015년에는 〈실존주의 철학과 철학상담〉을 통해 쇼펜하우어와 니체 철학을 상담의 영역으로 확장해 소개했으며, 2019년 〈니체의 정의론에 대한 연구〉로 대한철학회 최우수논문상을 수상했다. 또한 고려대학교 철학연구소 중점연구소 연구 교수로 3년간 '인간 행복의 조건'에 관한 공동 연구를 했다.
2023년 출간된 《마흔에 읽는 쇼펜하우어》는 한국의 쇼펜하우어와 철학 열풍을 주도했으며, 철학 교양 도서로는 최초로 60만 부 판매를 돌파한 베스트셀러가 됐다. 일본, 중국, 대만, 베트남에도 수출됐다.
이외의 저서로 《불안의 끝에서 쇼펜하우어, 절망의 끝에서 니체》, 《쇼펜하우어의 고통에 맞서는 용기》, 《니체 작품의 재구성》, 《니체의 『도덕의 계보』 읽기》, 《Nietzsches Kulturphilosophie》 등이 있으며, 역서로 《유고(1876년~1877/78년 겨울)》, 《유고(1878년 봄~1879년 11월)》 등이 있다.

쇼펜하우어 × 니체 필사책

ⓒ 2025 강용수

1판 1쇄 2025년 9월 30일
1판 3쇄 2025년 11월 28일

지은이 아르투어 쇼펜하우어, 프리드리히 니체
편역 강용수
펴낸이 유경민 노종한
책임편집 이현정
기획마케팅 1팀 우현권 이상운 **2팀** 최예은 전예원 김민선
디자인 남다희 허정수
기획관리 차은영
펴낸곳 유노북스
등록번호 제2015-000010호
주소 서울시 마포구 동교로17안길 51, 유노빌딩 3~5층
전화 02-323-7763 **팩스** 02-323-7764 **이메일** info@uknowbooks.com

ISBN 979-11-7183-143-2 (03100)

- — 책값은 책 뒤표지에 있습니다.
- — 잘못된 책은 구입한 곳에서 환불 또는 교환하실 수 있습니다.
- — 유노북스, 유노라이프, 유노책주, 향기책방은 유노콘텐츠그룹의 출판 브랜드입니다.